\알려줘/
제주
위인!

15 우리 고장 위인 찾기
알려 줘 제주 위인!

1판 1쇄 발행 2018년 5월 15일 | **1판 5쇄 발행** 2024년 6월 20일

글 김은빈 | **그림** 이경석 이해정
펴낸이 권준구 | **펴낸곳** (주)지학사
본부장 황홍규 | **편집장** 김지영 | **편집** 박보영 이지연
디자인 최지윤 이혜리 | **마케팅** 송성만 손정빈 윤술옥 | **제작** 김현정 이진형 강석준 오지형
등록 2010년 1월 29일(제313-2010-24호) | **주소** 서울시 마포구 신촌로6길 5
전화 02.330.5263 | **팩스** 02.3141.4488 | **이메일** arbolbooks@jihak.co.kr
ISBN 979-11-6204-026-3 74990
ISBN 979-11-6204-005-8 74990(세트)
잘못된 책은 구입하신 곳에서 바꿔 드립니다.

 제조국 대한민국 **사용연령** 8세 이상
KC마크는 이 제품이 공통안전기준에 적합하였음을 의미합니다.

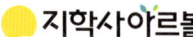 아르볼은 '나무'를 뜻하는 스페인어. 어린이들의 마음에 담긴 씨앗을 알찬 열매로 맺게 하는 나무가 되겠습니다.

홈페이지 www.jihak.co.kr/arb/book | **포스트** post.naver.com/arbolbooks

15 우리 고장 위인 찾기

알려 줘 제주 위인!

글 김은빈 | 그림 이경석 이해정

지학사아르볼

펴냄 글

사회 공부의 첫걸음은
《우리 고장 위인 찾기》와 함께

이제 막 3학년이 된 아이들에게 '사회'란 매우 낯설고 어려운 개념일 거예요. 처음 만나는 사회, 쉽고 재미있게 배울 수 있는 방법이 없을까요?

《우리 고장 위인 찾기》 시리즈는 초등학교 사회 교과서의 첫 내용인 '우리 고장'을 통해 사회의 개념과 의미를 깨닫도록 만들었습니다. 고장의 위인과 함께 옛이야기, 문화유산, 지역 정보를 풍부하게 담았지요. 이 책과 함께라면 우리 고장을 더 잘 이해하고 사랑하게 되는 것은 물론, 역사와 지리에 관한 지식까지 쌓을 수 있을 거예요. 초등학교 사회, 《우리 고장 위인 찾기》로 시작해 보세요.

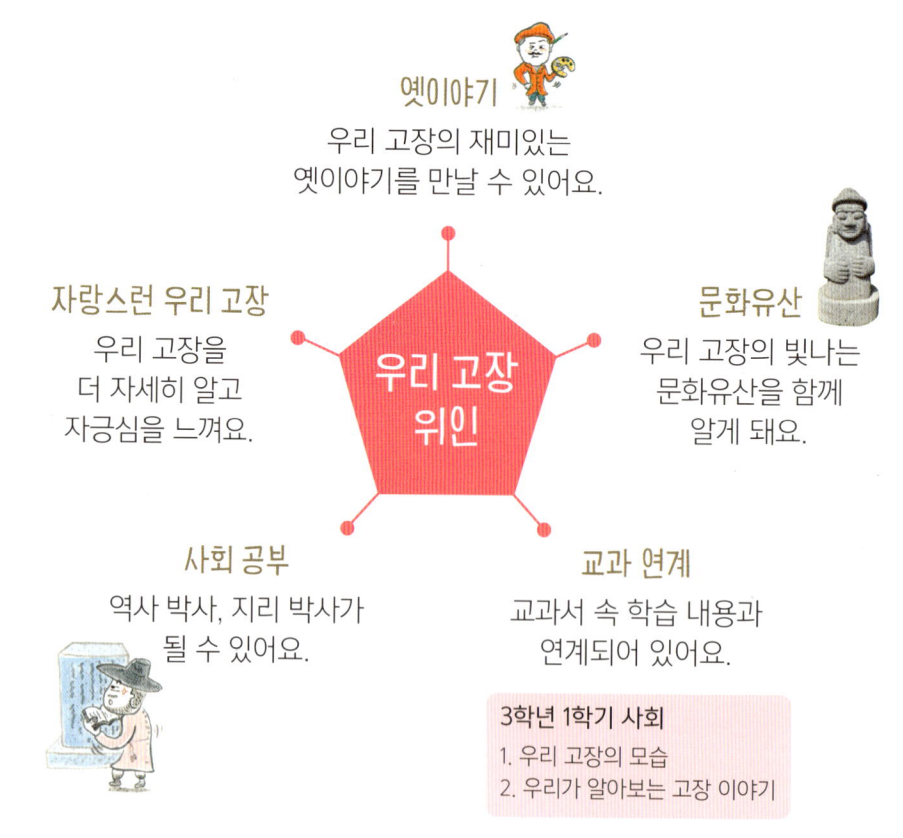

옛이야기
우리 고장의 재미있는 옛이야기를 만날 수 있어요.

자랑스런 우리 고장
우리 고장을 더 자세히 알고 자긍심을 느껴요.

문화유산
우리 고장의 빛나는 문화유산을 함께 알게 돼요.

우리 고장 위인

사회 공부
역사 박사, 지리 박사가 될 수 있어요.

교과 연계
교과서 속 학습 내용과 연계되어 있어요.

3학년 1학기 사회
1. 우리 고장의 모습
2. 우리가 알아보는 고장 이야기

학교 공부에 활용하는
《우리 고장 위인 찾기》

● **학교 숙제와 조사에 활용해요.**

우리 고장 위인과 옛이야기를 찾아야 한다고요?

《우리 고장 위인 찾기》가 있다면 걱정 없어요.

알짜만 쏙쏙 뽑아낸 위인 정보는 물론 재미있는 이야기가 실려 있어요.

● **생생한 역사 체험 학습을 떠나요.**

우리 고장에 남겨진 위인의 발자취는 체험 학습의 훌륭한 길잡이가 될 거예요.

위인과 관련된 유적지부터 고장의 명소와 축제까지 다양하게 소개합니다.

차례

제주 소개 | 제주는 어떤 곳일까? · 8

01 몽골의 항복 요구에 끝까지 맞선 삼별초의 장수
김통정 | 10

02 제주에서 몽골군을 무찌른 고려 명장
최영 | 18

03 제주도 백성을 위해 열심히 일한 제주 수령
이약동 | 26

04 바다에서 표류한 일을 기록한 제주의 관리
최부 | 34

05 임진왜란 때 전쟁에 필요한 말을 바친 목장 주인
김만일 | 42

06 가뭄 때 자기 재산을 털어 이웃을 도운 상인
김만덕 | 50

07 제주도에서 〈세한도〉를 그린 천재 예술가
김정희 | 58

08  제주도 3·1 운동을 이끈 학생 독립운동가
김장환 | 66

09  '해녀 항일 운동'을 벌인
제주 해녀들 | 72

10  제주도에 살며 많은 명작을 그린 화가
이중섭 | 80

11  한국인 최초로 에베레스트산에 오른 등산가
고상돈 | 88

위인 따라 제주 체험 학습 · 96
더 알아보는 위인 | 우리도 제주 위인이야! · 98
제주 위인 찾기 · 100

 제주 소개

제주는 어떤 곳일까?

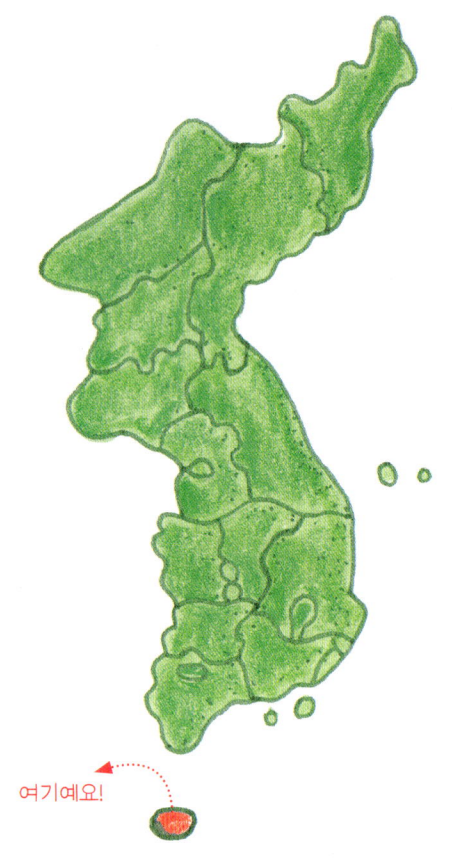

여기예요!

제주의 역사

제주라는 이름은 1211년에 처음 생겼어요. 그 전까지는 '탐라'로 불렸지요. 1105년 고려에 멸망당하기 전까지, 제주에는 '탐라국'이라는 나라가 있었거든요. 제주는 고려 역사에서 중요한 장소예요. 1270년 고려가 몽골과의 전쟁에서 항복했을 때, 삼별초라는 군대가 성을 쌓고 끝까지 몽골에 맞서 싸운 곳이기 때문이에요. 삼별초가 패한 후 원나라(몽골이 세운 나라)는 제주도에 말을 키우는 목장을 세웠어요. 제주도는 한동안 전라도에 속한 섬이었다가, 1946년 전라도에서 분리되었지요. 2006년 제주도는 제주특별자치도가 되었어요. 제주에는 2개의 시(제주시, 서귀포시)와 7개의 읍이 있어요.

제주의 자연

우리나라에서 가장 큰 섬인 제주도는 화산섬이에요. 용암이 굳어진 현무암이 제주 땅 대부분을 덮고 있어요. 한라산도 화산으로 생긴 산이지요. 화산 활동은 제주도 곳곳에 작은 산인 '오름'을 만들기도 했어요. 협재굴, 만장굴 등 용암이 땅을 녹여 생긴 동굴도 여럿 있지요.

우리나라에서 기온이 높은 편인 제주에는 귤 같은 과일이 많이 난답니다. 비와 눈이 많이 오고, 8~9월에는 태풍이 지나가는 곳이기도 해요.

제주의 문화유산

아름다운 산과 멋진 폭포, 경치 좋은 해수욕장 등이 있는 제주는 대한민국을 대표하는 관광지예요. 한라산, 성산 일출봉, 천지연 폭포, 협재굴 등이 대표적이지요. 또 관덕정(보물 제322호), 삼성혈(사적 제134호) 같은 문화재도 유명해요.

제주의 문화는 육지와 다르고 독특해요. 제주도 사투리, 제주도 민요가 그런 예랍니다. 해녀 문화도 대대로 내려오는 생활 전통이에요. 제주도의 해녀 문화는 유네스코 세계 문화유산으로 지정되기도 했어요.

제·주·위·인 | 01

몽골의 항복 요구에 끝까지 맞선 **삼별초의 장수**

김통정

고려 | ? ~ 1273 | 장수

> 안녕! 나는 제주 위인의 첫 주인공인 김통정이란다. 고려 시대 사람인 나는 제주도에서 유명한 인물이야. 1273년 제주도에서 나의 군대가 몽골·고려 연합 부대와 큰 전투를 했단다.

인물 소개

김통정은 삼별초의 지도자였어요. 삼별초는 고려의 최고 권력자였던 최우라는 사람이 만든 특별 부대예요. 당시 고려는 몽골과 약 40년 동안 전쟁을 벌이고 있었어요. 몽골의 힘이 워낙 강해서 1270년, 결국 고려는 항복하고 말았어요. 이때 김통정과 삼별초는 항복에 반대했어요. 그래서 제주에 자리를 잡은 뒤 성을 쌓고 끝까지 몽골에 맞서 싸웠지요.

김통정의 이모저모

공격하라!

한마디
끝까지 싸우자!

성격
용감하고 자존심이 강해요.

시대
고려

직업
장수

관련사건
몽골의 고려 침략, 삼별초의 반란

우리가 알아야 할 **김통정** 이야기

항파두리성의 전투

"으~악! 배가 얼마나 되는 거야?"

1273년 4월, 제주도 바닷가 주변을 지키던 삼별초의 병사가 말했어요. 그는 놀란 눈으로 바다 쪽을 보고 있었지요. 제주도로 다가오는 배는 무려 160척이었어요. 몽골과 고려가 힘을 합쳐 삼별초를 무찌르기 위해 온 거였지요.

"김통정 장군님! 몽골과 고려 연합군 배가 나타났습니다."

"올 것이 왔구나! 전투 준비를 서둘러라!"

김통정의 명령에 따라 삼별초는 전투를 준비했어요.

그런데 왜 몽골 군대가 고려 군대와 힘을 합쳐 삼별초를 무찌르러 온 걸까요? 1270년 고려는 약 40년간 이어진 몽골의 공격을 견디지 못하고 항복했어요. 이때 삼별초 지도자들은 항복에 반대했지요.

삼별초의 지도자들은 병사들을 이끌고, 당시 고려의 임시 수도가 있던 강화도를 떠났어요. 고려의 수도는 원래 개경이었지만, 몽골의 공격을 피해 잠시 강화도로 옮긴 상태였지요. 강화도를 떠난 삼별초는 처음에는 진도(전라남도에 있는 섬)에 자리를 잡았어요.

당시 고려를 다스리던 왕과 신하들은 삼별초가 마음에 들지 않았어요. 삼별초가 몽골에 항복한다는 나라의 결정에 반대한 데다가, 따로 왕을 세우고 자신들이 진짜 고려라고 주장까지 했기 때문이에요.

마침내 1271년 고려와 몽골 연합 군대는 진도의 삼별초를 무너뜨렸어요. 그래도 삼별초는 항복하지 않고, 배를 타고 남쪽으로 내려와 제주도 항파두리에 다시 본부를 세웠어요. 김통정은 이때 삼별초의 최고 지도자였지요.

그러던 1273년 4월, 몽골·고려 연합 부대가 삼별초를 쫓아 제주도에 온 거예요. 몽골과 고려의 군사들은 곧장 항파두리성을 향해 밀려왔지요. 김통정은 앞장서서 소리 질렀어요.

"항복은 없다! 물러나지 말고 끝까지 싸워라!"

삼별초 병사들은 용감하게 싸웠어요. 그러나 갈수록 밀리기 시작했어요. 몽골과 고려 군대에 비해 병사 수가 적고, 무기가 좋지 않았기 때문이에요.

결국 항파두리성이 무너졌어요. 그래도 김통정은 결코 항복하지 않았어요. 몽골의 항복 요구에 끝까지 맞서며, 병사 70명과 같이 한라산 근처로 가서 끝까지 싸웠답니다.

삼별초와 김통정의 업적 이야기

삼별초와 김통정은 뭘 했을까?

항복하지 않고 끝까지 싸운 용감한 군대

고려 왕의 입장에서 보면 삼별초는 '몽골에 항복한다.'라는 결정에 반대하여 군대를 제멋대로 움직인 반란 세력이었어요. 그런데 삼별초는 백성들의 지지를 많이 받았어요. 그 이유는 무엇일까요? 몽골 군대는 약 40년 동안 고려에 여러 번 쳐들어와 백성들을 괴롭혔어요. 당연히 백성들은 몽골 군대에 대한 나쁜 감정이 컸을 거예요. 삼별초는 '왜 끝까지 싸워 보지 않고, 고려의 수많은 백성을 죽인 원수의 나라에 항복하느냐?'라고 생각했어요. 그래서 삼별초를 지지한 백성들도 있었던 거랍니다. 삼별초가 '우리 민족의 자존심을 지키려 한 군대'라는 평가를 받는 것은 이런 이유에서랍니다.

삼별초와 함께 제주에 전해진 기술과 문화

제주도는 섬이었기 때문에 육지 사람들이 오고 가기 어려웠어요. 그러다 보니 제주도에는 육지의 편리한 기술이 전해지지 못했지요. 1271년 진도에 있던 삼별초 군대가 제주도로 왔을 때, 삼별초를 따르던 백성도 많이 왔어요. 육지에서 온 사람들은 그때까지 제주도 사람들이 모르던 농사 기술, 도자기 만드는 기술, 건축 기술 등을 알려 주었어요. 이로써 제주 사람들의 생활은 더 편해졌지요.

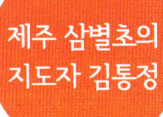

제주 삼별초의 지도자 김통정

삼별초는 제주도에 자리를 잡은 뒤 성을 쌓았어요. 삼별초는 3년간 제주도에 머물렀어요. 이때 삼별초 최고 지도자가 김통정이었어요. 김통정은 한반도의 남해안 지역에 군대를 보내 여러 해안 지방을 정복할 정도로 세력을 키웠어요. 그러나 끝내 몽골과 고려의 1만 군사들에게 지고 말았지요. 김통정은 항복하지 않고 70명의 부하를 이끌고 산에 들어가 싸우다 목을 매어 스스로 목숨을 끊었지요.

TIP 몽골과 고려의 전쟁

몽골은 중국 대륙 북쪽에 있는 몽골족이 세운 나라였어요. 세력을 키운 몽골은 1231년 처음 고려에 쳐들어왔어요. 그때 고려는 항복하지 않고 수도를 강화도로 옮겨 계속 싸웠답니다. 왕과 신하, 많은 백성이 강화도로 옮겨 가 살았지요. 이후에도 몽골은 고려에 여러 번 쳐들어왔어요. 이로 인해 고려 땅에 있는 수많은 백성이 목숨을 잃었지요. 계속되는 공격을 견디지 못한 고려는 1270년 항복하였답니다. 그 뒤로 고려는 약 100년 동안 몽골의 지배를 받는 나라가 되고 말았어요. 한편 몽골은 중국까지 정복하고 1271년에 원나라를 세웠지요.

 **김통정**과 함께 보기

김통정의 동료와 적

> 삼별초가 처음 고려 왕의 명령에 따르지 않은 때는 1270년이었어. 나는 몽골과 고려군의 공격을 피해 삼별초 군대를 이끌고 진도로 갔단다. 삼별초는 그곳에 성을 쌓고 궁궐을 지었어. 진도의 삼별초 군대는 몽골과 고려 연합군의 공격을 여러 번 막아 냈어. 우리를 따르는 백성도 늘었지.

배중손 (?~1271) 진도 삼별초의 지도자

> 삼별초의 반란이 일어난 후, 고려 왕은 나에게 삼별초를 무찌르라는 명령을 내렸어. 나는 고려군의 최고 장수가 되어 진도 그리고 제주도에 있는 삼별초 군대를 공격했단다.

김방경 (1212~1300) 고려 장수

역사 **체험 학습**

김통정의 발자취

항파두리 항몽 유적지

♦ 제주특별자치도 제주시 애월읍

♦ 사적 제396호

1271년 진도에서 제주도로 건너온 삼별초는 항파두리성을 쌓았어요. 안에는 돌로 만든 사각형의 성을 쌓았고, 바깥쪽에는 언덕을 따라 흙으로 둥근 성을 쌓았답니다. 성은 아주 크고 동서남북마다 큰 출입문이 있었어요. 성 안에는 궁궐, 무기 창고, 식량 창고 등이 있었지요.

삼별초가 무너진 후, 항파두리성은 파괴되었어요. 그러나 성의 흔적은 남아 있지요. 이곳에서는 고려 시대의 기와, 도자기 등 많은 유물이 발견되었어요.

지금은 성이 있던 자리를 '항파두리 항몽 유적지'라고 불러요. 여기서 '항몽'은 몽골에 저항하였다는 뜻이에요. 이곳엔 삼별초가 싸운 역사를 기념하는 비석과, '항몽 유적 전시관'도 있어요.

항몽 유적 전시관

제·주·위·인 | 02

제주에서 몽골군을 무찌른 고려 명장

최영

고려 | 1316 ~ 1388 | 장군

아이들아, 반갑구나! 나는 고려의 장군이야. 난 병사들을 이끌고 제주도에 온 적이 있어. 고려를 지키기 위해 제주에서 할 일이 있었거든. 배를 타고 오는 도중에, 파도가 거세져서 제주도 근처 추자도라는 섬에 잠시 머물렀지.

인물 소개

1316년 태어났고 어린 시절부터 용감했어요. 자라서 고려를 지키는 훌륭한 장수가 되었지요. 1388년 최영은 고려에서 가장 높은 장수였어요. 이때 이성계(훗날 조선의 제1대 왕)라는 장수가 병사들을 이끌고 반란을 일으켰어요. 최영은 왕을 지키기 위해 맞서 싸웠지만 지고 말았어요. 비록 졌지만, 시간이 흘러 최영은 '고려를 대표하는 충신'이라는 평가를 받아요.

최영의 이모저모

시대: 고려
직업: 장수
모신 왕: 공민왕, 우왕
별명: 충신, 명장
특징: 몽골인들이 제주에서 반란을 일으키자 무찌르러 왔답니다.
전설: 풀이 나지 않는 무덤

우리가 알아야 할 **최영** 이야기

제주 땅에서 물러나라!

고려를 지배하던 원나라는 제주도 땅에 말을 키우는 목장을 세웠어요. 예로부터 제주도의 자연환경이 말을 키우기 좋았기 때문이지요. 원나라는 제주도에서 말을 키워 자기네 나라로 많이 가져갔어요. 제주도에 사는 원나라 병사와 목동의 수는 점점 늘어났지요. 고려 사람들은 제주도에 사는 원나라 목동을 '목호'라고 불렀답니다.

시간이 흘러 1370년이 되었어요. 이 무렵 중국 땅에선 명나라가 원나라를 북쪽으로 몰아내고, 중국 대륙의 주인이 되었어요. 고려의 왕이었던 공민왕은 이 틈을 타서 원나라의 지배에서 벗어나려고 노력했어요.

1374년 고려는 명나라와 친하게 지내기 위해 제주도에서 키운 2천 마리의 말을 보내기로 결정했어요. 그러자 목호들은 이 결정에 반대하여 반란을 일으켰어요. 이 사건을 '목호의 반란'이라고 해요.

반란 소식을 들은 공민왕이 최영에게 명령했어요.

"더 이상 목호를 가만둘 수 없다. 그들을 제주 땅에서 몰아내거라!"

목호들의 힘이 무척 강했기 때문에 최영은 약 2만 5천 명으로 이루어진 큰 군대를 만들었어요. 고려 군대는 1374년 8월, 약 3백 척의 배에 나눠 타고 제주도로 향했어요.

제주도로 가는 뱃길은 험했어요. 큰 바람이 불어 추자도 섬에 잠시 몸을 피하기도 했어요. 8월 28일 최영이 이끄는 부대는 제주도의 명월포 항구에 도착했어요. 최영은 목호 지도자에게 편지를 보내 항복하라고 했어요. 목호 지도자는 항복하지 않았지요.

  이 소식을 들은 최영이 명령을 내렸어요.

"목숨만은 살려 주려고 했는데 할 수 없구나. 공격을 시작하라!"

  고려군의 공격이 시작되었어요. 제주도에서 벌어진 여러 전투에서 고려군은 연거푸 승리했지요. 목호 지도자는 남은 병사들을 이끌고 서귀포 앞에 있는 범섬으로 도망쳤어요. 최영은 40척의 배로 섬을 에워싼 후, 섬에 올라 마지막 공격을 퍼부었어요. 이 공격으로 최영은 목호 세력을 완전히 몰아냈어요. 이로써 제주도는 완전하게 고려의 땅이 되었지요.

최영의 업적 이야기

최영은 뭘 했을까?

고려는 공민왕이 왕이 된 후, 원나라의 지배에서 벗어나려고 노력했어요. 젊은 장수였던 최영은 원나라가 차지하고 있던 압록강 서쪽 지역을 공격해 그곳을 고려 땅으로 만들었지요.

고려 말기에는 왜구*가 자주 고려에 쳐들어왔어요. 최영은 왜구와 벌인 전투에서도 여러 번 승리하였어요. 또 중국에서 도둑의 무리인 홍건적이 고려에 쳐들어왔을 때도 승리를 거두었답니다.

여러 전투에서 승리한 명장

★ **왜구** 일본에서 건너온 도적 떼

반란 세력을 무찔러서 고려를 지킴

공민왕이 고려를 원나라에서 벗어나게 하려고 노력할 때, 고려에선 신하들이 여러 번 반란을 일으켰어요. 신하들 중에는 원나라에 충성해서 큰 힘을 얻은 사람들이 있었거든요. 이때 최영은 반란 세력을 무찌르는 데 큰 공을 세웠답니다.

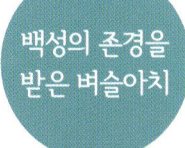

끝까지 고려를 지키려고 노력한 충신

최영이 늘 반란군과 싸워 이긴 건 아니었어요. 공민왕의 아들인 우왕이 고려를 다스리던 1388년의 일이에요. 우왕은 이성계에게 명나라를 공격해 요동 땅을 정복하라고 명령했어요.

이성계는 명나라로 가던 중 압록강 중간에 있는 위화도에서 군사를 돌려서 고려로 돌아왔어요. 이성계가 왕의 명령을 따르지 않고 반란을 일으킨 이 사건을 '위화도 회군'이라고 해요.

최영은 우왕을 보호하기 위해 이성계 군대와 싸웠지만, 병사 수가 적어서 지고 말았어요. 그 후 최영은 벼슬에서 쫓겨나 귀양*을 가야 했어요. 나중엔 이성계 세력에 의해 목숨까지 잃고 말았답니다. 반란에 성공한 이성계는 1392년 조선을 세웠어요.

★ **귀양** 죄인을 먼 시골이나 섬으로 보내 살게 하던 벌

백성의 존경을 받은 벼슬아치

최영은 아버지로부터 '황금 보기를 돌같이 하라.'라는 가르침을 받았다고 해요. 이 말은 '돈 욕심에 사로잡히지 마라.'라는 뜻이지요. 최영이 살았던 고려 시대 말기에는 자기가 가진 힘을 이용해 재물을 모으는 벼슬아치들이 있었어요. 그들과 달리 최영은 권력을 이용해 부자가 되려고 하지 않았어요. 여러 전투에서 승리해 이름이 알려지고, 높은 자리에 올라도 욕심을 부리지 않았지요. 이 때문에 많은 백성이 그를 존경했어요.

최영과 함께 보기

꼭 알아야 할 고려 후기 인물

공민왕 (1330~1374) 고려 제31대 왕

내가 원나라의 지배로부터 벗어나기 위해 노력했다고 했지? 원나라에 아부하는 신하들을 쫓아냈고, 원나라가 다스리던 고려의 땅을 공격해 되찾았단다. 또 고려 사람이 몽골식 옷을 입고, 몽골식 머리를 하는 것을 금지시켰어.

최무선 (1325~1395) 화약 발명가·장군

나는 화약과 화약 무기를 만들었어. 당시 고려엔 화약 만드는 법을 아는 사람이 없었어. 나는 혼자 수많은 실험을 하고 마침내 화약을 만들었단다. 그 뒤로 화약을 이용한 대포, 총, 화살을 만들었어. 1380년에는 화약 무기로 왜구를 무찌르는 데 큰 공을 세웠단다. 이 전투를 진포 대첩이라고 해. 대첩이란 크게 이겼다는 뜻이야.

역사 **체험 학습**

최영의 발자취

최영 장군 사당

📍 제주특별자치도 제주시 추자면
♦ 제주특별자치도 기념물 제11호

사당은 큰 업적을 남긴 사람을 기념하여 해마다 제사를 드리는 곳을 말해요. 최영은 워낙 존경받는 장수인지라, 전국에 그를 모시는 사당이 여럿 있어요.

고려 시대에 세워진 추자도의 최영 사당은 '목호의 반란'과 관계가 있어요. 앞에서 본 것처럼 1374년 최영은 공민왕의 명령에 따라 제주도로 향했어요. 그런데 갑자기 바람이 거세져서 고려 군대를 태운 배는 추자도에 대피하였어요.

추자도에 머무는 동안 최영은 주민들에게 피해가 없게 하였고, 어민들에게 새로운 고기잡이 기술을 알려 주었어요. 그 뒤 추자도 주민들이 최영에게 고마운 마음을 표현하기 위해 사당을 세웠지요.

제·주·위·인 | 03

제주도 백성을 위해 열심히 일한 **제주 수령**

이약동

조선 | 1416 ~ 1493 | 제주 수령

나와 제주도는 큰 인연이 있단다. 3년간 제주도에서 수령*을 지냈거든. 제주도에서 임기를 다 마치고 떠날 때, 많은 제주 사람들이 나와 헤어지기 아쉬워했단다. 왜 그랬을까?

★ **수령** 왕으로부터 임명을 받아 지방을 다스리던 관리

인물 소개

어려서는 공부를 좋아하고, 친구 사이에 의리를 잘 지키는 아이였어요. 자라서 벼슬에 오른 그는 궁궐에서 왕을 모시는 일과, 지방을 다스리는 일을 두루 하였어요. 1470년 제주 수령이 되어 3년 동안 제주에서 일을 하였어요. 제주 수령을 그만둔 후에도 여러 벼슬을 했지요. 정직하고 공정했기 때문에, 왕의 아낌과 백성들의 존경을 두루 받았어요.

이약동의 이모저모

시대 조선

별명 청백리*

태어난 곳 경상북도 김천에서 태어났어요.

직업 수령

한마디 내 사랑 제주! 내 사랑 백성!

★ **청백리** 재물에 대한 욕심이 없이 마음이 곧고 깨끗한 관리

 이약동의 업적 이야기

이약동은 뭘 했을까?

수령 중에는 벼슬을 이용해 재산을 모으는 사람들이 있었어요. 이약동은 그런 일을 전혀 하지 않았어요. 그는 아주 정직하고 깨끗한 관리였지요.

1473년 이약동은 수령으로서의 일이 끝나 제주도를 떠나게 되었어요. 그때 제주에서 사용하던 모든 물건을 두고 갔어요. 단 하나! 말을 탈 때 사용하던 채찍만 가지고 떠났대요. 그런데 이것도 다시 두고 갔다고 하지요. 어찌 된 일일까요? 이 이야기는 '괘편암 전설'을 통해 알 수 있어요.

깨끗하고 정직한 수령

벼슬에서 물러나 효도를 다함

1458년 이약동은 '사헌부 지평'이 되었어요. 남들이 부러워하는 높은 벼슬이었지요. 그런데 이듬해 이약동은 임금에게 사헌부 지평에서 물러나겠다고 아뢰었어요. 지방에 사는 늙은 부모님을 모셔야 한다는 이유에서였어요. 왕은 이약동의 마음씨에 감동했어요. 그래서 그에게 부모가 사는 지방 근처에서 일할 수 있는 벼슬을 주었지요. 그러나 2년 뒤 부모의 몸이 더 약해지자, 이약동은 그 벼슬에서도 물러나 부모님을 모셨어요. 부모님이 돌아가신 뒤에야 다시 벼슬을 받았지요.

왕이 아낀 신하

이약동은 지방을 다스리는 일보다 궁궐에서 임금을 모시는 일을 더 많이 하였어요. 최선을 다하면서 정직하게 일하는 그를 왕도 많이 아꼈지요. 일흔 살이 되었을 때 이약동은 왕에게 벼슬에서 물러나겠다고 말했어요. 나이가 들어 예전처럼 나랏일을 열심히 할 수 없었기 때문이에요. 하지만 이약동을 아꼈던 성종은 그가 6년간 더 나랏일을 하도록 했답니다. 결국 이약동은 1491년에서야 벼슬에서 완전하게 물러나 고향으로 돌아갔지요.

TIP '말채찍을 건 바위' 이야기(괘편암 전설)

제주도에는 이약동에 대한 이런 이야기가 전해 와요. 이약동의 됨됨이를 잘 보여 주는 이야기지요.

이약동이 배를 타고 제주도를 떠날 때의 일이에요. 얼마쯤 갔을까, 거센 바람이 불기 시작했어요. 이약동은 '내가 잘못한 게 있어 하늘이 노한 것이다.'라고 생각했어요. 이때 제주에서 가져온 말채찍이 생각났어요. 이약동은 배를 제주도로 돌리도록 하였어요. 제주도에 도착한 그는 바닷가에 있는 바위에 채찍을 걸어 놓고 다시 배를 탔어요. 그러자 바닷바람이 잠잠해졌어요.

제주도 사람들은 이 일을 기억하기 위해 바위에 말채찍을 계속 걸어 두었어요. 시간이 흐르면서 채찍이 썩기 시작하자, 아예 바위에 채찍 모양을 새긴 다음 이 바위를 '괘편암(掛 걸 괘 鞭 채찍 편 岩 바위 암)'이라고 불렀어요.

 이약동과 함께 보기

고려 시대를 대표하는 제주 수령

최척경 (1120 ~1186) 탐라(제주) 수령

내가 살던 때 제주도는 탐라라고 불렸어. 나는 과거에 합격하여 경상도 성주 지방에서 첫 벼슬 생활을 한 뒤, 고려의 수도 개경으로 올라왔지. 그런데 이때부터 10년 동안은 벼슬을 받지 못했어. 좋은 벼슬을 얻으려면 힘이 있는 신하에게 아부를 잘해야 했거든. 나는 그러지 않았기 때문에 벼슬을 얻기 어려웠지.

그러던 어느 날, 최윤의가 나의 능력을 알아보고 나를 '탐라 수령'이라는 벼슬에 추천했단다. 나는 탐라 수령으로 일하면서 제주도 백성이 편하게 살 수 있게 노력하였어. 탐라 수령 임기가 끝난 뒤에는 다시 개경으로 올라왔지. 그런데 얼마 뒤 왕은 이런 편지를 받았어.

'최척경이 떠난 후 새로운 탐라 수령이 제주도에 왔는데, 그가 백성을 괴롭혀 사람들이 말을 듣지 않는다고 하옵니다. 사람들은 최척경이 다시 수령으로 오면 말을 잘 듣겠다고 합니다.'

이 편지를 읽은 왕은 다시 나를 탐라 수령으로 임명하였단다. 결국 나는 또 제주도로 내려갔어. 내가 다시 제주로 내려갔을 때 백성들은 나를 따뜻하게 반겨 주었단다.

역사 체험 학습

이약동의 발자취

제주 산천단
📍 제주특별자치도 제주시 아라1동

이약동은 해마다 드리던 제사 장소를 백록담에서 산천단 쪽으로 옮겼어요. 백성들이 제사 준비를 해서 오르기에 백록담은 너무 높고 험했거든요. 현재 산천단에는 제사를 드리는 제단과, 이약동의 업적을 기록한 비석이 있어요.

제주목 관아
📍 제주특별자치도 제주시 삼도2동　◆ 사적 제380호

조선 시대에 있던 제주 관아는 일제 강점기 때 허물어졌어요. 제주도에선 발굴 조사를 해서 조선 시대 관아의 모습을 되살렸지요. 관아 건물을 다시 지을 때 많은 제주도 사람들이 기와를 기증하기도 했답니다.

제주 관덕정
📍 제주특별자치도 제주시 삼도2동　◆ 보물 제322호

제주목 관아 안에 있는 관덕정은 1448년에 병사들의 훈련장으로 사용하기 위해 세워졌어요. 제주도에 있는 조선 시대 건물 중 가장 크답니다.

제·주·위·인 | 04

바다에서 표류*한 일을 기록한 제주의 관리

최부

조선 | 1454~1504 | 문신

나의 모험 이야기는 제주도에서 유명하단다. 1487년 나는 나랏일을 하러 제주도에 갔어. 이듬해 집안일로 잠시 제주도를 떠나게 되었지. 배를 타고 가는데 거센 바람이 불기 시작했어. 배는 표류하였고, 이때부터 모험이 시작됐지.

★ **표류** 사람이나 배가 물 위에 떠서 이리저리 흘러가는 것

인물 소개

최부는 1482년 과거에 합격하여 조선의 관리가 되었어요. 제주도에 온 것은 1487년의 일이에요. 이듬해 배를 타고 육지로 가다가 바다에서 표류하였어요. 배는 다행히 육지에 도착했는데, 조선 땅은 아니었어요. 당시 중국을 다스리던 명나라 땅이었지요. 간신히 목숨을 구한 최부는 함께 표류한 사람들과 같이 6개월간 명나라에 머문 후 무사히 조선에 돌아왔답니다.

최부의 이모저모

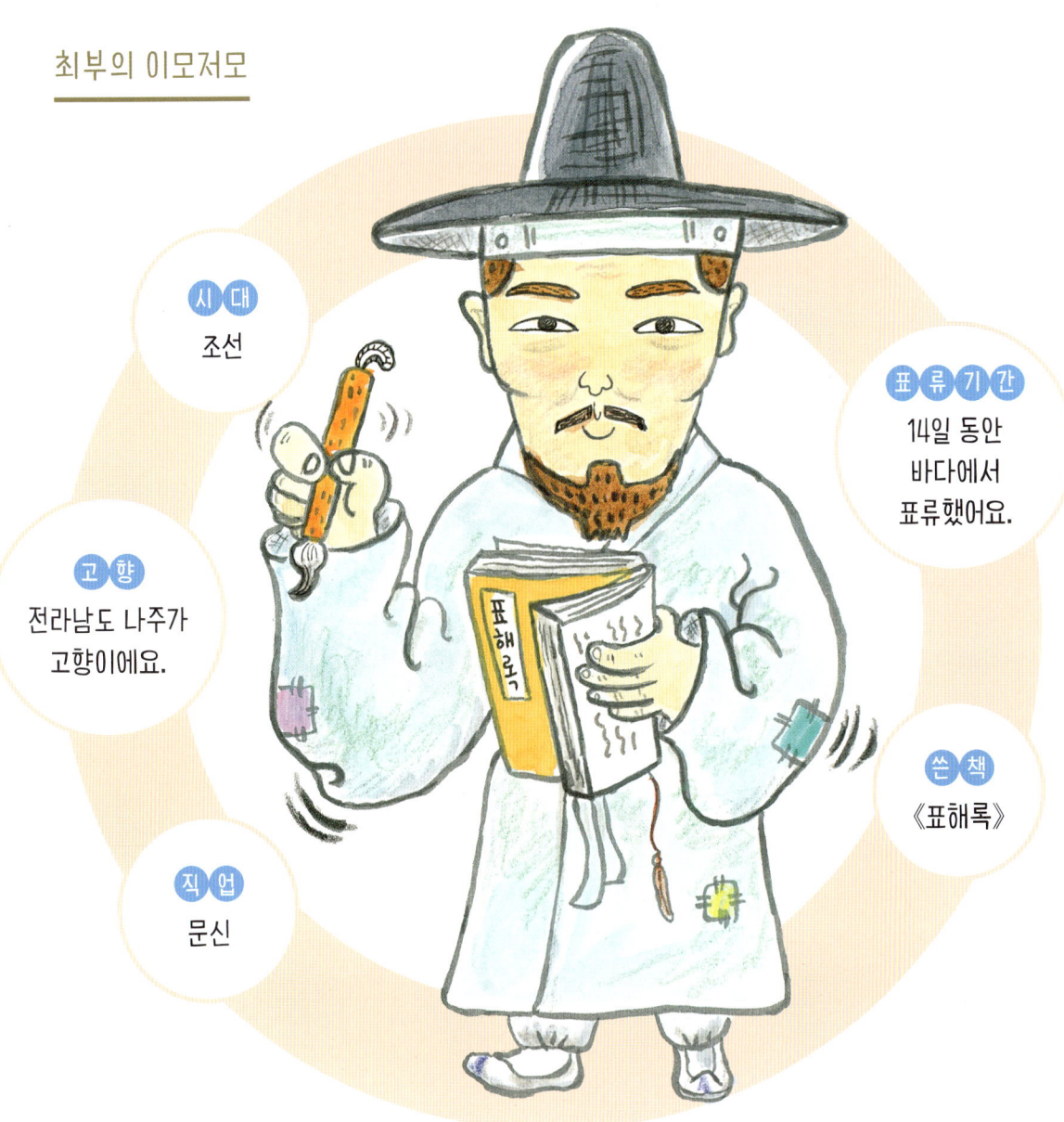

시대 조선

고향 전라남도 나주가 고향이에요.

직업 문신

표류 기간 14일 동안 바다에서 표류했어요.

쓴 책 《표해록》

 우리가 알아야 할 **최부** 이야기

저기 육지가 보인다!

    1488년 한 척의 배가 끝없이 펼쳐진 바다를 떠다니고 있었어요. 배에는 조선 사람 43명이 타고 있었어요. 그중엔 최부도 있었어요. 그는 지난해 제주도에 건너온 관리였어요. 제주도에서 일하던 중, 고향에 계신 아버지가 돌아가셨어요. 그 소식을 듣고 최부는 허겁지겁 제주도를 떠나 육지로 가는 배에 탔지요.

    그런데 배를 타고 가던 중 바다에서 폭풍을 만났어요. 돛이 찢어지고, 배를 젓는 노가 부서졌지요. 그 뒤로 배는 물결 따라 이리저리 흘러 다녀야 했어요. 표류하던 중 해적을 만나기까지 했어요. 배에 탄 사람들은 죽을 위기에 빠졌어요. 가진 물건들을 해적에게 내주고 겨우 목숨을 구했지요. 그리고 배는 다시 바다를 표류했어요.

"아! 배고파."

"물을 실컷 마시면 소원이 없겠어."

    표류한 지 13일이나 되었어요. 배에 탄 사람들은 모두들 힘겨워했어요. 최부의 얼굴도 핼쑥했어요. 배에선 꼬르륵 소리가 났지요.

    목숨을 건지려면 배가 육지에 닿아야 했어요. 며칠이라도 늦으면 배에 있는 모든 사람이 죽을 수도 있었지요. 그러나 사방을 둘러봐도 땅은 코빼기도 보이지 않았어요.

    또 하루가 저물고 밤이 찾아왔어요. 주위가 캄캄하니, 사람들은 더 두려워했어요.

 날이 밝았어요. 표류 14일째 아침이었지요. 여전히 배는 물결 따라 힘없이 흘러가고 있었어요. 희망 없는 한 시간, 두 시간……. 시간이 그렇게 흘러갔어요. 이때 뱃머리에 서 있던 사람이 벌떡 일어났어요. 그가 남은 힘을 짜내서 소리를 질렀어요.

 "육지다! 저 멀리 육지가 보인다!"

 최부는 그 소리를 듣고 배 앞쪽으로 달려갔어요. 멀리 보이는 것은 분명 육지였어요. 배들이 닻을 내리고 있고, 그 너머로 집들이 보였어요. 그런데 조선의 기와집이나 초가집은 아니었지요. 최부는 생각했어요.

 '아! 저긴 명나라 땅인 것 같구나. 하지만 명나라 땅이면 어떤가. 당장 죽을 고비를 벗어났으니 얼마나 다행이냐.'

 최부의 눈에서 감격의 눈물이 흘러내렸어요. 그는 육지를 향해 힘차게 손을 흔들었어요.

최부의 업적 이야기

최부는 뭘 했을까?

명나라에서 조선 사람들의 누명을 벗김

최부가 탄 배가 도착한 곳은 명나라 태주 지방이었어요. 이곳에서 조선 사람들은 다시 위기에 빠졌어요. 명나라 사람들이 조선의 배를 일본의 해적선이라고 오해한 것이에요. 당시 명나라 앞바다엔 해적들이 많았기 때문에 생긴 오해였어요. 최부는 어려서부터 한자 공부를 하여 중국 사람과 한자로 이야기를 나눌 수 있었어요. 그는 명나라 사람에게 자신들은 해적이 아니라고 설명했어요. 또 자신은 조선의 왕이 임명한 관리란 사실을 밝혔어요. 최부가 애쓴 덕분에 최부를 포함한 조선 사람들은 해적이라는 누명에서 벗어날 수 있었어요.

수차를 만들어 조선에 보급

수차(水물수 車수레차)는 물을 퍼 올려 논이나 밭에 물을 대어 주는 농사 기구예요. 최부는 명나라에서 농부들이 수차를 이용해서 농사짓는 모습을 보았어요. 조선에 돌아와서 수차를 직접 만들었지요. 최부의 수차는 농부들의 일을 편하게 해 주었답니다. 또한 나라에서는 수차를 가뭄 극복법으로 이용하였어요.

바다를 표류한 기록, 《표해록》

최부를 비롯한 43명의 조선 사람은 명나라 병사의 호위를 받으며 처음 도착했던 항구를 떠나 내륙으로 올라갔어요. 내륙은 바다에서 멀리 떨어진 육지를 말해요. 최부 일행은 때로는 걷기도 하고, 때로는 운하*에서 배를 타고 이동하기도 하였어요. 중국은 땅이 넓어서 명나라 수도인 북경까지 도착하는 데 긴 시간이 걸렸어요. 북경까지 가는 동안 최부는 명나라의 제도와 기술, 생활 모습을 많이 관찰할 수 있었지요.

조선에 돌아온 최부는 왕의 명령에 따라 자신이 겪은 일을 글로 정리하였어요. 그가 정리한 글을 《표해록》이라고 해요. '바다를 표류한 기록'이라는 뜻이에요. 최부는 이 글에 명나라의 여러 제도, 마을의 모습, 운하의 편리함 등을 적었어요.

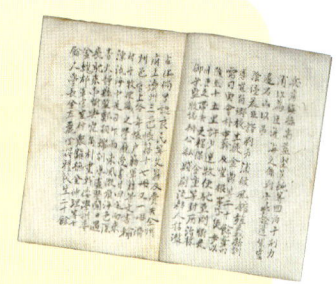

★ **운하** 배가 다닐 수 있도록 육지에 인공적으로 만든 물길

글을 잘 쓰고 올바른 관리

글을 잘 썼던 최부는 궁궐에서 《동국통감》, 《동국여지승람》 같은 역사책을 펴내는 데 참여하기도 했어요.

중국에서 돌아온 후 최부는 다시 궁궐에서 일을 하게 되었어요. 그는 바른말을 잘하는 신하였어요. 1494년 성종에 이어 연산군이 왕이 되었어요. 연산군은 성격이 거칠고 사나운 데다 나랏일을 게을리했어요. 최부는 연산군에게 백성을 위한 바른 정치를 해야 한다고 말했다가, 미움을 사고 말았어요. 결국 함경도에 유배*를 가야 했답니다.

★ **유배** 죄인을 귀양 보내는 일

 **최부**와 함께 보기

제주 바다에서 표류한 사람들

이방익 (1756~?) 15일간 바다를 표류한 사람

나는 1784년 과거에 합격하여, 제주도에서 일하게 되었어. 1796년 배를 타고 육지로 가다가 폭풍을 만났단다. 배는 15일 동안 표류하다가, 중국에 있는 어느 섬에 닿았어. 이때 중국은 청나라가 다스리고 있었어. 난 청나라의 도움으로 10개월 만에 조선에 돌아올 수 있었어. 당시 왕이었던 정조는 글을 잘 쓰는 신하 박지원을 불러 나의 모험 이야기를 책으로 정리하게 했단다.

하멜 (?~1692)
난파되어 제주도에 상륙한 네덜란드인

1653년 나는 배를 타고 네덜란드를 떠나 일본을 향해 출발했어. 그런데 폭풍을 만나 배가 부서지고 말았어. 나와 선원 몇 명은 제주도에 도착해 겨우 목숨을 건졌단다. 조선은 우리가 네덜란드로 돌아가지 못하게 막았지. 조선에서 나는 신무기 만드는 일을 도왔어. 그러던 1666년 드디어 조선을 탈출할 수 있었어. 네덜란드로 돌아간 후 《하멜 표류기》라는 책을 냈는데, 이 책은 조선을 유럽에 소개한 최초의 책이란다.

역사 **체험 학습**

표류하는 동안 정말 힘들었지만 희망을 잃지 않았어.

최부의 발자취

중국에 있는 최부 기념비

📍 중국 저장성 린하이시

표류하던 최부 일행이 도착한 곳은 오늘날 중국 저장성 린하이시에 있는 항구였어요. 이곳에서부터 최부 일행은 여러 도시를 거쳐 조선으로 돌아왔어요. 최부의 고향인 전라남도 나주시와 '최부 기념 사업회'는 린하이시에 최부의 모험과 업적을 기록한 비석을 세웠어요.

TIP 여러 배가 표류했던 제주의 바다

조선 시대에 중국 상인들은 도자기 같은 특산품을 배에 싣고 일본에 팔러 가곤 했어요. 제주도는 이들이 다니는 뱃길의 중간에 있었어요. 그래서 때때로 배가 큰 파도와 바람을 만나면 제주 근처 바다에 가라앉는 사고가 났답니다. 배가 망가지면 제주도에서 배를 수리하기도 했어요.

우리나라 최초의 천주교 신부인 김대건도 제주에 표류한 적이 있어요. 1845년 김대건은 중국에서 배를 타고 조선에 오다가 폭풍우를 만났어요. 그가 탄 배는 다행히 제주시 한경면 용수리 포구에 무사히 닿았어요. 이 사건을 기념하여 오늘날 이 자리에는 '김대건 신부 표착 기념관'이 세워져 있어요. 표착이란 '표류를 하다가 도착하였다.'라는 뜻이에요.

제·주·위·인 | 05

임진왜란 때 전쟁에 필요한 말을 바친 **목장 주인**

김만일

조선 | 1550 ~ 1632 | 목장 주인, 말 사육가

후손들아 반갑다. 나는 김만일이라고 해.
우리 집안은 대대로 제주도에 살았단다.
나는 전쟁 때 나라를 지키는 데 공을 세웠어.
직접 전투에 나가 싸우지는 않았어.
대신 나만이 할 수 있는 다른 일을 했지.

인물 소개

김만일은 제주 서귀포시의 남원읍 의귀리 마을에서 태어났어요. 김만일 집안사람들은 대대로 제주도에서 살았는데, 김만일은 젊은 시절부터 말을 길렀어요. 그는 열심히 일한 데다가 말 키우는 능력도 뛰어났지요. 몇 년 후 김만일은 제주도에서 말을 가장 많이 키우는 사람이 되었답니다.

김만일의 이모저모

특기 말 키우기

업적 임진왜란 때 말 수백 마리를 나라에 바쳤어요.

시대 조선

태어난 곳 서귀포시에서 태어났어요.

별명 헌마* 공신*

★ **헌마** 나라에 말을 바쳤다는 뜻
★ **공신** 나라를 위하여 특별한 공을 세운 신하

우리가 알아야 할 **김만일** 이야기

가장 좋은 말을 가져가십시오!

"나리! 큰일 났습니다. 전쟁이 일어났다 하옵니다."

1592년 4월, 육지에 다녀온 하인이 제주도 목장 주인 김만일에게 말했어요.

"전쟁이라고? 누가 쳐들어온 것이냐?"

"일본입니다. 며칠 전 군사들이 동래(지금의 부산)로 들어왔다 합니다."

1592년 일본이 조선을 침략한 이 사건을 임진왜란이라고 해요. 임진왜란은 조선 시대에 일어났던 여러 전쟁 중 가장 큰 전쟁이었어요.

소식을 들은 김만일은 나라 걱정에 잠도 제대로 잘 수 없었어요. 그는 육지에서 제주도로 사람이 올 때마다 전쟁 상태가 어떤지 물었어요. 상황은 아주 나빴어요. 일본 침략에 대비하지 못한 조선 군대는 계속 일본군에 밀리고 있었어요. 자칫하면 조선 땅 전체가 정복당할 수도 있었지요.

전쟁이 계속 이어지던 1594년의 어느 날, 나라에서 김만일의 목장으로 사람을 보내왔어요.

"병조(지금의 국방부)에서 왔소이다. 조선은 지금 전투에 필요한 말이 부족하오. 당신 목장의 말을 사고 싶소."

이 말을 들은 김만일이 말했어요.

"좋습니다. 제가 키우는 말 중에서 가장 좋은 말을 가져가십시오. 돈은 받지 않겠습니다."

병조에서 온 사람은 이 말을 듣고 깜짝 놀랐어요. 당시에 좋은 말 한 마리는 노비 한 사람보다도 높은 값에 팔렸기 때문이에요. 김만일은 나라를 지키기 위해 돈 욕심도 내지 않았지요.

김만일은 임진왜란 때 약 500마리의 말을 나라에 바쳤어요. 말들은 배에 태워져 육지로 갔고, 조선의 장수와 군인들이 전투에서 타는 말이 되었어요.

1592년 시작된 임진왜란은 1598년 일본군이 돌아가면서 끝났어요. 조선이 일본의 침략을 막아 낸 데는 이순신 같은 용감한 장수들, 수많은 병사들의 희생이 있었어요. 또 군인이 아닌데도 나라를 지키려고 들고일어난 의병들의 힘도 컸어요. 그리고 김만일도 큰 공을 세웠어요. 어마어마한 재산을 나라를 위해 아낌없이 내놓았으니까요.

김만일의 업적 이야기

김만일은 뭘 했을까?

> 전쟁 뒤에도 나라에 말을 바침

조선 시대에 말은 아주 중요하게 쓰였어요. 사람이 타기도 하고, 물건을 싣기도 했거든요. 임진왜란이 일어났을 때 조선의 왕은 선조였어요. 선조가 죽은 후 광해군이 왕이 되었고, 이어서 인조가 왕이 되었어요. 김만일은 광해군과 인조가 왕일 때에도 나라에 말을 바쳤어요. 그가 나라에 바친 말들은 조선 땅 곳곳을 누비며 많은 사람들을 태워 주고, 식량을 나르고, 공사장에서 물건을 옮겨 주었어요.

> 대대로 말을 바친 김만일의 후손들

김만일은 1632년에 세상을 떠났어요. 그의 아들 김대길이 아버지가 하던 일을 물려받았지요. 김대길도 목장에서 키운 말 수백 마리를 나라에 바쳤어요. 나라를 위해 많은 말을 기부한 아버지의 훌륭한 자세를 본받아 그도 기꺼이 말을 내놓았답니다.

임진왜란이 끝난 후, 나라에서는 전쟁 때 공을 세운 사람들에게 공신이란 이름을 내렸어요. 왕을 가까이서 모신 신하부터 전쟁터에서 활약한 장수까지 많은 사람이 공신이 되었지요. 김만일도 전쟁에 필요한 말을 바친 일을 인정받아 공신이 되었어요.

전쟁이 끝난 뒤에도 김만일은 계속 말을 바쳤어요. 그러자 인조는 김만일의 공신 지위를 더욱 높여서 그를 '종1품 숭정대부 헌마 공신'으로 임명했어요. 조선의 벼슬에서 가장 높은 것은 정1품이었고 그다음은 종1품이었지요. 이렇게 김만일에게 높은 공신 자리를 내린 것은 그가 나라의 발전에 크게 도움을 주었기 때문이에요.

공신으로 인정받아 상을 받음

김만일의 집안사람들은 말을 키우는 능력이 뛰어났어요. 말 키우는 능력과 나라에 말을 바친 공을 높이 사, 나라에서는 1658년 김만일의 아들 김대길을 산마감독관으로 임명했어요. 산마감독관은 제주도에서 말 키우는 일을 감독하는 벼슬이에요. 그 뒤로도 나라에서는 김만일의 후손들이 산마감독관 벼슬을 이어서 하도록 해 주었어요. 김만일의 후손들은 200년이 넘게 제주도에서 산마감독관을 하였지요.

자손 대대로 제주도에서 말을 키움

김만일과 함께 보기

가뭄 때 제주 사람들을 도운 인물

김우천 (1654~1726) 김만일의 증손자

우리 증조할아버지가 김만일이셔. 증조할아버지는 '아버지의 할아버지'를 말해. 나는 산마감독관이 되는 대신, 무관이 되었지. 큰 가뭄이 들었을 때의 일이야. 제주도는 논농사하기 어려워서 가뭄이 들면 백성들이 몹시 힘들어지는 곳이었어. 나는 백성들을 도울 방법을 찾았어. 그동안 부대에 모아 둔 곡식을 백성들에게 나누어 주기로 했지. 그런 덕분에 많은 사람이 굶주림에서 벗어날 수 있었단다.

TIP 제주도의 역사가 시작된 곳 '삼성혈'

제주도의 역사는 '삼성혈 신화'에서 시작해요. 어떤 이야기인지 알아볼까요?
제주시 이도1동에는 세 개의 구멍이 있어요. 이곳에서 제주도 사람들의 첫 조상인 고을나, 양을나, 부을나 세 사람이 솟아났다고 하지요. 이 세 사람을 삼을나라고 불러요. 성이 다른 세 사람이 솟아난 구멍이라고 해서 이곳을 '삼성혈(三 석 삼 姓 성씨 성 穴 구멍 혈)'이라고 해요.
고대부터 삼성혈은 제주도 사람들이 성스럽게 생각하는 장소였어요. 현재 삼성혈은 사적 제134호로 지정되어 있어요. 봄가을이면 이곳에서 제사도 드린답니다.

역사 **체험 학습**

김만일의 발자취

의귀리 김만일 묘역

📍 제주특별자치도 서귀포시 남원읍 의귀리

◆ 제주특별자치도 기념물 제65호

묘역이란 어떤 사람의 무덤과 주변 지역을 뜻하는 말이에요. 서귀포에 있는 김만일의 무덤은 낮은 언덕에 자리하고 있어요.

무덤 주변에는 돌을 이용해 담을 둘렀어요. 무덤 옆에는 김만일의 업적을 기록한 묘비도 있지요.

또 무덤 주변에는 문인석 2개가 세워져 있어요. 문인석이란, 신하의 모습으로 만들어진 돌조각이에요. 조선 시대에 높은 사람의 무덤 옆에 세웠지요. 김만일 묘역에 있는 문인석은 돌하르방과 모습이 비슷해요.

문인석　　　　　제주도의 돌하르방

문인석이 나랑 비슷하다고?

49

제·주·위·인 | 06

가뭄 때 자기 재산을 털어 이웃을 도운 상인
김만덕
조선 | 1739 ~ 1812 | 상인

나 김만덕은 조선 시대 역사에서 훌륭한 상인으로 유명하단다. 제주도가 자랑하는 역사 인물이기도 하지. 내가 유명한 사람이 된 것은 가뭄 때 제주도에서 사람들을 도왔기 때문이야. 지금부터 그 이야기를 들려줄게.

인물 소개

1739년 제주도에서 태어났어요. 김만덕의 아버지는 배를 타고 육지와 제주도를 오가며 장사를 하였어요. 그런데 김만덕이 열한 살 때 아버지가 갑자기 세상을 떠났어요. 이듬해에는 어머니마저 눈을 감고 말았지요. 김만덕은 한동안 외삼촌의 집에서 살기도 했고, 관청에서 심부름 일을 하기도 했어요. 가난에서 벗어나기 위해 장사를 시작했고, 큰돈을 벌었지요.

김만덕의 이모저모

시대 조선

별명 의인★

태어난 곳 제주시에서 태어났어요.

한마디 어려운 형편에도 희망을 가지고 열심히 일했단다!

직업 상인

★ **의인** 남을 위해 올바른 일을 한 사람

우리가 알아야 할 **김만덕** 이야기

재산은 줄었어도 마음은…

김만덕의 업적 이야기

김만덕은 뭘 했을까?

사람들이 오랫동안 기린 김만덕의 업적

조선 제22대 왕 정조는 김만덕이 한 일을 사람들에게 널리 알리고 싶었어요. 그래서 신하들에게 '김만덕이 한 의로운 일'에 대해 글을 지으라고 했답니다. 김만덕이 세상을 떠난 뒤에도 김만덕의 이름은 드높았어요. 사람들은 김만덕이 한 일을 기리는 비석을 세웠지요. 1840년 유명한 서예가 김정희는 '김만덕이 베푼 은혜의 빛이 온 세상에 퍼졌다.'라는 뜻으로 '은광연세(恩光衍世)'라는 글씨를 쓰기도 했어요. 또 오늘날 제주도에선 해마다 김만덕처럼 훌륭한 일을 한 사람을 뽑아서 '김만덕상'을 주고 있어요.

신분의 벽에도 왕의 상을 받음

오~ 네가 바로 김만덕이구나.

네, 전하!

왕은 이웃을 위해 큰 나눔을 실천한 김만덕을 직접 보고 싶었어요. 그런데 김만덕 같은 평민 여성은 궁궐에 들어갈 수 없었지요. 그러자 왕은 김만덕에게 '행수 의녀'라는 임시 벼슬을 내렸어요. 게다가 길을 안내하는 사람을 보내 김만덕이 편하게 올 수 있도록 해 주었답니다. 이처럼 평민인 김만덕이 왕을 만나고 상까지 받는 것은 아주 특별한 일이었지요.

김만덕과 함께 보기

김만덕에게 상을 내린 왕

정조(1752~1800) 조선 제22대 왕

나는 왕이 된 1776년부터 줄곧 조선을 더 좋은 나라로 만들려고 노력하였단다.

내가 한 일 중에 가장 유명한 것은 '규장각'이라는 학문 연구 기관을 만든 일이야. 나는 똑똑하고 올바른 인재들을 뽑아 그곳에서 일하게 하였어. 규장각에서 일한 젊은 신하들은 조선의 학문을 발전시켰단다.

나는 조선의 힘을 강하게 하기 위해서도 노력했어. 이를 위해 장용영이라는 부대를 만들어 군사적인 힘을 키웠지. 또 경기도 수원에 화성이라는 새 궁궐을 지었어.

나는 백성들이 보다 잘살기를 바랐어. 상업이 발달하면 백성들의 삶도 더 넉넉해질 거라고 믿었지. 그래서 상인들이 편하게 장사할 수 있는 제도를 만들었단다. 흉년으로 굶거나 버려지는 아이들을 구하는 법도 만들었어.

이런 노력들 덕분에 내가 왕으로 있는 동안 조선의 경제는 발전하였고, 백성의 생활도 더 좋아졌단다.

규장각   장용영

역사 **체험 학습**

김만덕의 발자취

김만덕 묘비

📍 제주특별자치도 제주시 건입동

♦ 제주특별자치도 기념물 제64호

김만덕의 묘 앞에 세워진 비석이에요. 김만덕의 업적이 새겨져 있어요. 근처에는 모충사라는 사당이 있는데, 해마다 이곳에선 김만덕의 업적을 기념하는 행사가 열린답니다.

김만덕 기념관

📍 제주특별자치도 제주시 건입동

☎ 064)759-6090

김만덕이 실천한 나눔과 봉사를 되새기기 위한 기념관이에요. 김만덕의 삶을 살필 수 있는 여러 자료가 전시되어 있어요.
기념관에서 약 200미터 떨어진 거리에는 김만덕의 이름을 딴 '김만덕 객주터'가 있어요. 객주란 조선 시대 상인들이 거래를 하고 숙박을 하던 곳이에요. 이곳에서 옛날 제주도 사람들의 생활 모습을 엿볼 수 있어요.

제·주·위·인 | 07

제주도에서 〈세한도〉를 그린 천재 예술가

김정희

조선 | 1786 ~ 1856 | 예술가, 학자

나는 조선의 천재 예술가 김정희야. 억울한 일로 벼슬에서 쫓겨난 뒤, 제주에서 9년간 살았지. 정말 힘든 시절이었어. 그래도 아름다운 제주에서 공부하고 글 쓰고 그림을 그리면서 마음을 달랬단다.

인물 소개

양반집에서 태어나 1819년 과거에 합격하여 벼슬에 올랐어요. 그 후 여러 벼슬을 하였는데, 암행어사가 된 적도 있어요. 학문이 뛰어난 사람만 할 수 있는 성균관 대사성(지금의 대학 총장)이 되기도 했어요. 1840년 제주도에 와서 9년 동안 유배 생활을 했어요. 나이가 들어 벼슬에서 완전히 물러난 후에는 경기도 과천 지방에 살면서 남은 인생을 보냈답니다.

김정희의 이모저모

- **시대**: 조선
- **태어난 곳**: 충청남도 예산에서 태어났어요.
- **호**: 추사, 완당 등
- **대표작**: 〈세한도〉
- **특징**: 제주도에서 〈세한도〉를 그렸어요.

★ **호** 본명 외에 편하게 부르려고 지은 이름

우리가 알아야 할 **김정희** 이야기

의리 있는 사람에게 보낸 선물

1844년 제주도 서귀포에 살던 김정희의 집에 손님이 왔어요. 김정희의 제자인 이상적이 보낸 사람이었어요.

"나리께서 이것을 전하라고 하셨습니다."

손님이 보자기를 내밀었어요. 그 안에는 김정희가 읽고 싶어 했던 청나라의 책이 들어 있었어요.

이상적의 직업은 통역관이었어요. 그는 나라에서 보내는 사신을 따라 여러 번 청나라에 다녀왔지요. 이번에도 청나라에 갔다가 김정희가 꼭 읽고 싶어 하던 책을 구해서 보내 준 것이에요. 이상적이 책을 보낸 것은 이번이 2번째였어요.

김정희는 이상적이 참 고마웠어요. 이때 김정희는 제주도에서 5년째 억울한 유배 생활을 하고 있었지요. 정치 세력 다툼에 관련되었다는 누명을 써서 벼슬을 빼앗기고, 제주도로 유배되어야 했어요.

왕이 명령을 내리기 전까지 김정희는 제주도를 벗어날 수 없었어요. 그리운 가족도 볼 수 없었지요. 김정희는 공부하고 글을 쓰고 그림을 그리면서 쓸쓸한 마음을 달랬어요. 그런 상황에서 이상적이 자기를 잊지 않고 귀한 책을 선물해 주었으니, 참으로 고마웠지요.

"이상적은 정말 의리 있구나. 나도 선물을 주리라!'

김정희가 생각한 선물은 직접 그린 그림이었어요. 그는 정신을 집중하여 그림을 그리기 시작했어요.

그림을 완성한 김정희는 종이 오른쪽 빈 자리에 제목을 써넣었어요. 그림의 제목은 〈세한도〉였어요. 왼쪽 빈 자리에는 그림에 담긴 뜻을 설명하는 글을 적었어요.

소나무와 잣나무는 겨울에 가장 늦게 잎이 지는 나무입니다. 그래서 절개와 의리를 상징하는 나무지요. 나를 생각하는 그대의 마음이 이 나무들처럼 아름답습니다.

그림 선물을 받은 이상적은 감동했답니다. 혼자 보기 아까워 그림을 여러 사람들에게 보여 주었어요. 그러면 보는 사람들마다 감탄했지요.

"과연! 김정희 선생의 그림은 조선 최고야!"

김정희의 업적 이야기

김정희는 뭘 했을까?

금석학 분야에 남긴 큰 업적

스물네 살 때 김정희는 사신인 아버지를 따라 청나라에 갔어요. 그곳에서 청나라 학자들을 만나 학문과 예술에 대해서 공부하고 토론할 수 있었지요. 청나라에서 김정희는 금석학이라는 학문에도 눈떴어요. 금석학은 비석이나 금속에 새겨진 문자를 해석하여, 거기에 담긴 정확한 뜻을 밝히는 학문이에요.
조선에 돌아온 후 김정희는 더욱 열심히 금석학을 공부했어요. 그는 금석학으로 북한산에 세워져 있던 비석이 신라 진흥왕 시대의 것임을 알아냈어요.

오~흥미롭군.

비석

유학, 지리학 등 여러 학문에 뛰어난 학자

김정희는 청년 시절부터 다양한 분야의 학문을 즐거운 마음으로 공부했답니다. 당시 조선의 선비들이 가장 많이 공부한 학문인 유학은 물론, 지리학, 문자학, 천산학 등도 공부했지요. 문자학은 글자의 원리를 연구하는 학문이고, 천산학은 하늘을 관찰하고 그 원리를 계산하는 학문이에요. 게다가 김정희는 불교 사상도 깊었어요. 어때요? 김정희는 정말 '만물박사'였지요?

글, 글씨, 그림에 모두 뛰어남

김정희는 천재 예술가였어요. 어려서부터 많은 글을 쓴 그는 글쓰기 실력이 좋았어요. 또 서예 실력도 아주 뛰어났어요. 그는 오랫동안 글씨 쓰기 연습을 해서 자기만의 글씨체를 만들었어요. 이 글씨체를 김정희의 호인 '추사'를 붙여 '추사체'라고 해요.

여기에 하나 더! 김정희는 그림 실력도 뛰어났어요. 〈세한도〉 같은 그림은 나중에 청나라의 화가들도 감탄할 만큼 대단했답니다.

TIP 김정희의 〈세한도〉를 감상해 볼까요?

세로 23센티미터, 가로 약 70센티미터 크기의 이 그림은 겨울의 풍경을 담고 있어요. 집 양쪽으로 소나무와 잣나무가 서 있는 그림이지요. 김정희는 평소에 깊은 뜻이 담긴 그림을 즐겨 그렸어요. 〈세한도〉는 지조와 의리를 중요하게 생각하는 선비의 삶을 표현한 그림이랍니다. 그러기 위해 그림에 흐트러짐이 없도록 균형을 잘 맞춰서 그렸어요. 그림에 찍혀 있는 도장은 김정희가 그렸다는 것을 증명해 주고 있어요.

〈세한도〉(국보 제180호)

 **김정희**와 함께 보기

김정희의 스승과 제자

박제가 (1750~1805) 김정희의 스승

김정희는 내가 가르친 아이들 중에서 가장 뛰어났어. 머리가 좋고 생각이 깊었지. 또 글씨는 얼마나 잘 썼는지!

나 박제가는 청년 시절부터 실용적인 학문을 열심히 공부했어. 청나라에 가서 '나라가 발전하려면 상업과 공업을 발달시켜야 한다.'라는 깨우침을 얻기도 하였지. 김정희에게도 기회가 되면 꼭 청나라에 가서 경험을 쌓고 생각을 넓힐 것을 권했단다.

이상적 (1804~1865) 김정희를 존경한 통역관

나는 김정희 선생님으로부터 〈세한도〉라는 값진 선물을 받은 이상적이야. 우리 집안은 대대로 통역관이었어. 나도 통역관이 되어 청나라에 12번이나 다녀왔단다.

나는 공부와 시 쓰기도 좋아했어. 쓴 책으로 《은송당집》이 있지. 청나라에 친구가 여럿 있어서 청나라에서도 책을 냈단다. 또 궁궐에서 이런저런 책을 펴낼 때 참여하기도 하였어.

역사 **체험 학습**

김정희의 발자취

서귀포 김정희 유배지

♦ 제주특별자치도 서귀포시 대정읍
♦ 사적 제487호

김정희가 9년 동안 살았던 곳이에요. 지금의 건물은 1984년에 다시 지은 것이에요. 마당에는 김정희 동상과 비석도 있어요. 이 유배지가 있는 곳의 도로 이름은 김정희의 호를 따서 '추사로'예요.
근처에는 김정희에 대한 여러 자료를 전시하고 있는 '제주 추사관'이 있어요. 이곳에선 김정희의 제주도 생활 기록, 그가 쓴 글씨와 그림을 구경할 수 있어요.

 **여기도 가 보자!**

성산 일출봉

정방 폭포

중문·대포 해안 주상 절리대

김정희 유배지가 있는 서귀포는 성산 일출봉, 정방 폭포, 주상 절리 등 아름다운 자연을 자랑해요.

65

제·주·위·인 | 08

제주도 3·1운동을 이끈 학생 독립운동가

김장환

근현대 | 1900년경 ~ ? | 독립운동가

> 나는 제주도에서 태어났고, 서울에서 고등학교를 다녔단다. 1919년 서울에선 일본의 지배에 반대하는 3·1운동이 일어났어. 나도 이 운동에 참여했단다. 그리고 며칠 후 고향인 제주도로 내려왔어. 제주도에서 반드시 해야 할 일이 있었거든.

인물 소개

김장환은 제주시 조천 마을에서 태어났어요. 김장환의 아버지인 김시학과 김장환의 삼촌 김시범도 독립운동가였어요. 김장환은 이런 집안 어른들의 영향을 받았어요. 어린 나이에도 독립을 하루라도 빨리 이루어 내야 한다고 굳게 생각했어요. 그는 이 마음을 1919년 3월 제주도에서 행동으로 실천하였어요.

김장환의 이모저모

시대
대한 제국 …
일제 강점기

별명
소년 독립운동가

태어난 곳
제주시 조천읍 조천리에서 태어났어요.

직업
훗날 신문 기자가 되었어요.

우리가 알아야 할 **김장환** 이야기

대한 독립 만세!

1919년 3월 16일 서울에서 출발한 배가 제주도의 항구에 도착했어요. 배에서 내리는 사람 중엔 김장환이 있었어요. 김장환은 일본 경찰의 눈에 안 띄려고 걸음을 빨리 옮겨 항구를 빠져나왔지요.

고향인 제주시 조천 마을에 도착한 김장환은 삼촌 김시범에게 서울에서 가져온 종이를 내밀었어요. 1919년 3월 1일 서울에서 일어난 만세 운동 때 낭독했던 독립 선언서였어요. 김장환이 삼촌에게 말했어요.

"제가 제주도에 온 것은 이곳에서 만세 운동을 벌이기 위해서예요."

"나도 만세 운동 소식은 들었다. 그래! 제주도에서도 해 보자."

김장환과 김시범은 조천 마을과 이웃 마을 사람들을 만나러 다녔어요. 서울에서 만세 운동이 일어난 사실을 알리고, 제주도에서도 만세 운동을 일으키자고 이야기했지요.

3월 21일 아침, 조천 마을 미밋 동산(지금의 만세 동산)에 사람들이 모여들었어요. 함덕, 신흥, 신촌 마을에 사는 사람들까지 왔지요. 사람은 계속 늘어나 약 5백 명이 되었어요.

생각했던 것보다 많은 사람이 모여, 김장

환은 가슴이 벅차올랐어요. 이어서 김장환은 앞으로 나가 큰 소리로 외쳤지요.

"대한 독립 만세!"

김장환의 뒤를 따라 주민들도 크게 소리를 질렀어요.

"대한 독립 만세!"

커다란 함성이 미밋 동산에 메아리쳤어요. 대한 독립 만세를 외친 뒤 사람들은 행진을 시작했어요. 신촌 마을에 이르렀을 때 일본 경찰이 나타나 총칼을 들고 행진을 막았어요. 그리고 앞장선 사람들을 마구잡이로 체포했지요. 김장환을 포함해 여러 사람이 재판에 넘겨져 감옥살이를 하였어요.

그래도 김장환은 후회하지 않았어요. 그는 감옥에서 생각했지요.

"나는 조선의 독립을 위해 마땅히 할 일을 하였다. 나는 내가 자랑스럽다!"

김장환의 업적 이야기

김장환은 뭘 했을까?

> 조천 만세 운동을 이끈 용감한 학생

김장환은 독립운동가 김시학의 첫째 아들이에요. 서울의 휘문 고등 보통학교에 다니던 중 3·1 운동이 일어났어요. 김장환도 3·1 운동에 참여했고, 독립 선언서를 숨겨서 고향 제주로 돌아왔어요. 김장환이 서울에서의 만세 운동 소식을 제주에 알리고, 삼촌 김시범 등과 준비한 덕분에 제주에서도 만세 운동이 일어날 수 있었지요. 3월 21일 미밋 동산에서 만세 운동이 벌어졌어요. 김장환은 아직 학생이었지만, 용감하게 앞장서서 독립 만세를 외쳤답니다.

TIP 1918년에는 법정사 항일* 운동이 일어났어요.

서귀포시 도순동에 있던 법정사의 스님들이 중심이 되어 일으킨 운동이에요. 10월 7일 스님들과 제주 사람들이 무기를 들고 경찰서로 쳐들어가 불을 질렀어요. 일본 경찰들은 사람들에게 총을 쏘았고, 법정사에 불을 질렀어요. 700여 명의 사람들 중 66명의 사람들이 체포되었지요. 옛 법정사 자리는 오늘날 제주특별자치도 기념물 제61-1호예요.

★ **항일** 조선 말~일제 강점기 동안, 일본의 침략에 맞서 싸운 것을 말함

역사 **체험 학습**

김장환의 발자취

조천 만세 동산

📍 제주특별자치도 제주시 조천읍

☎ 064)783-2008(제주 항일 기념관)

조천 만세 운동을 기념하는 동산이에요. 이곳에는 3·1 독립운동 기념탑과 독립운동가들을 추모하는 사당인 창열사가 있어요.

제주도에서 일어난 독립운동 역사를 한눈에 볼 수 있는 '제주 항일 기념관'도 있답니다. 전시실에서는 국내외에서 일어난 독립운동 역사, 제주 출신의 독립운동가 등에 대해 알아볼 수 있어요.

제·주·위·인 | 09

'해녀 항일 운동'을 벌인
제주 해녀들

해녀 소개

산소통 없이 바닷속에 들어가 해산물 캐는 일을 직업으로 하는 여성이에요. 그래서 바다 해(海) 여자 녀(女)를 써서 해녀라고 부르지요. 우리나라 역사에 해녀가 처음 등장하는 것은 고려 시대예요. 제주도는 예로부터 해녀가 가장 많은 곳이랍니다. 오늘날에도 제주도에 가면 열심히 일하는 해녀들을 볼 수 있어요.

해녀 항일 운동 이모저모

시기 1931~1932년

시작된 곳 제주시 구좌읍 하도리 마을에서 처음 일어났어요.

모임 횟수 제주도 여러 마을에서 약 230회

우리가 알아야 할 **해녀 항일 운동** 이야기

일본은 약속을 지켜라!

해녀 항일 운동 돋보기

해녀들의 용감한 싸움

여성이 중심인 항일 운동

일제 강점기에 조선에서는 나라의 독립을 이뤄 내려는 운동이 많이 일어났어요. 또 일본의 식민지 정책에 반대하는 운동도 많았지요. 그런데 대부분의 운동은 남성이 중심이 되어서 일으켰어요. 그와 달리 제주 해녀 항일 운동은 처음부터 끝까지 여성들이 중심이었던 아주 큰 항일 운동이었어요.

체포도 겁내지 않은 해녀들

해녀 항일 운동이 일어나자 일본 경찰들이 나섰어요. 하지만 워낙 많은 해녀가 항일 운동에 참여했기 때문에, 오히려 경찰이 부족할 정도였지요. 그러자 전라남도에 있던 경찰들까지 와서 해녀들의 항일 운동을 막으려고 했어요.

일본 경찰은 1932년 1월 23일부터 1월 27일까지 34명의 해녀와, 해녀들을 도운 제주 주민들을 체포했어요. 체포된 해녀들은 감옥에서도 '우리는 일본에 정당한 요구를 했을 뿐이다!'라며 당당한 자세를 굽히지 않았답니다.

우

> 바다에서 항일 운동을 한 우도 해녀들

제주 해녀 항일 운동이 처음 일어난 구좌읍에서 약 3킬로미터 떨어진 곳에는 우도라는 섬이 있어요. 우도의 해녀들도 1932년 해녀 항일 운동에 참여하였어요. 일본 경찰은 항일 운동 주동자를 잡으러 배를 타고 우도로 왔어요. 이때 우도 해녀들은 바다에서 일본 경찰이 탄 배를 에워싸고 시위를 벌였지요. 오늘날 우도의 천진항에는 제주 해녀 항일 운동을 기념하는 비석이 세워져 있답니다.

TIP 해녀의 노래

제주의 독립운동가로 강관순이라는 사람이 있어요. 우도에서 태어나고 자란 강관순은 학교를 졸업하고 선생님이 되었지요.
강관순은 해녀 항일 운동이 벌어졌을 때 해녀들을 돕다가 일본 경찰에 체포되었어요. 평소 글을 잘 썼던 강관순은 감옥에서 〈해녀의 노래〉라는 시를 지었어요. 〈해녀의 노래〉는 나중에 노래로도 만들어져, 일제 강점기 때 해녀들이 즐겨 부르는 노래가 되었답니다.

해녀 항일 운동과 함께 보기

자랑스러운 제주 해녀

예로부터 부지런했던 제주 해녀

해녀들은 보통 어릴 때 수영을 배우고 스무 살이 되기 전에 해녀가 되어 해산물을 캐러 다녔어요. 오늘날 제주에는 해녀 학교가 있어 어리지 않아도 해녀에 도전할 수 있어요. 일을 그만두는 나이는 사람마다 다른데, 건강하기만 하면 예순 살까지도 일할 수 있어요.

조선 시대에 제주 해녀는 경제적으로 중요한 역할을 했어요. 또 제주 해녀들의 활동 덕분에 많은 육지 사람들도 싱싱한 해산물을 맛볼 수 있었지요.

세계적으로도 인정받은 제주 해녀 문화

2016년 국제기구인 유네스코가 제주 해녀 문화를 '인류 무형 문화유산'으로 정했어요. 제주 해녀 문화의 역사성과 고유한 가치를 세계적으로도 인정받은 거지요.

인류 무형 문화유산에 오른 제주 해녀 문화는 3가지예요. '물질', '잠수굿', '해녀 노래'지요. 물질은 해녀들이 바다에서 해산물을 캐내는 것을 말해요. 제주도에서 전해 내려오는 잠수굿은 해녀들의 안전과 풍요를 비는 의식이에요. 해녀 노래는 제주 해녀들이 바다에 일하러 나가며 부르는 노래랍니다.

역사 **체험 학습**

해녀 항일 운동 기념 공원

제주 해녀 항일 운동 기념 공원

📍 제주특별자치도 제주시 구좌읍

공원에는 제주 해녀 항일 운동을 기념하는 탑과 해녀 광장, 〈해녀의 노래〉 시비가 있어요. 기념 공원 둘레에는 팽나무가 많이 심어져 있는데, 이것은 제주 해녀들의 강한 정신을 나타내지요.

해녀 박물관

기념 공원 안에 있어요. 해녀들이 해산물을 캘 때 사용하는 도구 등 다양한 자료를 구경할 수 있어요. 또 제주 해녀 항일 운동에 대한 자세한 기록도 볼 수 있어요.

제·주·위·인 | 10

제주도에 살며 많은 명작을 그린 화가

이중섭

근현대 | 1916 ~ 1956 | 화가

나는 한국을 대표하는 서양화가야. 제주도와 인연도 깊지. 서귀포시에서 약 1년간 살면서 그림을 그렸거든. 오늘날 제주에는 나를 기념하는 미술관이 있고, 내 이름을 붙인 길도 있단다.

인물 소개

오늘날 북한에 있는 평안남도에서 태어났어요. 미술에 재능이 있었던 그는 고등학생 때 본격적으로 미술 수업을 받았어요. 졸업 후 일본 대학으로 유학을 가서 미술을 공부했어요. 여러 미술 대회에서 상도 받았지요. 한국에 돌아온 뒤에는 미술 선생님으로 잠시 일하기도 했어요. 6·25 전쟁이 일어나자, 가족을 데리고 남한으로 내려왔어요.

이중섭의 이모저모

시대: 일제 강점기 … 대한민국

별명: 소의 화가

대표작품: 〈흰 소〉, 〈소와 어린이〉, 〈길 떠나는 가족〉 등

살았던 곳: 서귀포시에 잠시 살았어요.

관련장소: 이중섭 거리, 이중섭 미술관

우리가 알아야 할 **이중섭** 이야기

제주도에 오니 참 좋구나!

1951년 이중섭이 아내에게 말했어요.

"여보, 우리 제주도에 가서 삽시다."

이중섭의 가족은 아내와 두 명의 자녀, 네 식구였어요. 아내는 이중섭이 유학 생활을 할 때 만난 일본인이었지요.

이때 이중섭 가족은 부산에 살고 있었어요. 원래는 북한의 원산이란 도시에 살았는데, 1950년 6·25 전쟁이 일어나면서 남쪽으로 내려왔지요. 그리고 많은 사람이 피란*살이를 하던 부산에서 이중섭 가족도 살게 된 거예요.

부산에서 이중섭 가족은 가난에 시달렸어요. 가진 것 없이 피란을 온 데다가, 부산에는 그들을 도와줄 친척도 없었거든요.

제주도에 가서 살자는 이중섭의 말을 들은 아내가 물었어요.

"제주도에 간다고 지금보다 나아질까요?"

이중섭은 선뜻 대답하지 못했어요. 제주도에 간다고 당장 생활이 좋아질 건 없었어요. 그래도 날씨가 더 따뜻한 제주도로 간다면 마음이 편할 것 같았지요. 마음이 편하면 그림 그리는 일에도 집중할 수 있을 것 같았고요.

결국 아내는 이중섭의 말에 따랐어요. 아내가 동의하자, 이중섭은 오랜만에 마음이 편안해졌어요. 제주도에서 시작할 새로운 생활이 기대도 됐지요.

★ **피란** 난리를 피하여 옮겨 감

1951년 이중섭은 가족과 함께 제주 서귀포에 살게 되었어요. 네 식구가 조그만 방을 빌려 살았지요. 여전히 가난했지만, 마음만은 부산에 있을 때보다 나았어요. 제주도의 따뜻한 날씨와 아름다운 자연은 이중섭의 몸과 마음을 푸근하게 해 주었어요. 그 덕분에 그림을 열심히 그리겠다는 의욕도 생겼답니다.

그러던 1951년 12월 이중섭은 제주도를 떠나 부산으로 돌아가야 했어요. 그래도 약 1년 동안 제주도에 살면서 훌륭한 그림을 여럿 그렸지요. 바로 제주도의 풍경을 소재로 한 〈바닷가와 아이들〉, 〈서귀포의 환상〉, 〈섬섬이 보이는 풍경〉 같은 그림들이에요.

이중섭의 업적 이야기

이중섭은 뭘 했을까?

이중섭은 1952년 가난 때문에 가족과 헤어져 혼자 살게 되었어요. 이토록 어려운 시절에도 그는 그림 그리기를 포기하지 않았어요. 그림 그릴 종이가 없을 때는 담뱃갑에 있는 은박지에 그리기도 했답니다. 어떻게 그렸냐고요? 뾰족한 송곳으로 은박지 위를 콕콕 눌러서 그렸지요. 1953년 일본에 건너가 가족을 만났지만 곧 다시 헤어졌어요. 한국에 돌아온 그는 가난과 병에 시달리면서도 그림을 계속 그렸어요. 동료 화가들과 함께 전시회를 열기도 했지요.

가난 속에서도 그리기를 멈추지 않음

우리나라를 대표하는 화가

이중섭은 죽은 뒤에야 '위대한 화가'로 더 좋은 평가를 받았어요. 많은 사람들이 그를 천재 화가라고 평가했어요. 1970년대부터는 그의 그림을 보여 주는 특별 전시회가 여러 번 열렸어요. 또 그의 작품을 해설한 책도 출판이 되었지요. 이중섭의 삶을 다룬 연극이 만들어지기도 했답니다.

이중섭과 함께 보기

개성이 강한 이중섭의 그림

이중섭은 굵은 선으로 색칠한 서양화를 많이 그렸어요. 이런 방법은 그림 속에 나오는 사람과 동물의 모습이 마치 살아서 꿈틀거리는 것 같은 효과를 낳았어요. 이중섭 대표작을 몇 점 감상해 보아요.

소를 많이 그려서 '소의 화가'라는 별명이 생겼지!

〈흰 소〉

이중섭은 소 그림을 많이 그렸어요. 1954년 무렵에 그린 이 작품은 이중섭의 그림 중 가장 유명한 작품이에요. 소를 사실적으로 그리지 않고, 굵은 붓 자국으로 특징을 묘사하였지요. 이로써 당장이라도 움직일 듯 생동감 넘치는 소가 그려졌어요. 이처럼 이중섭은 자기만의 방식으로 개성 있는 그림을 그렸어요.

이중섭과 함께 보기

〈길 떠나는 가족〉

이중섭이 1954년에 그린 그림이에요. 소가 끄는 수레 위에 한 여인과 두 아이가 타고 있어요. 꽃을 뿌리고 비둘기를 날리면서요. 앞에서 달구지를 끌고 가는 남자는 즐거운 모습으로 하늘을 바라보고 있네요. 이 그림의 인물들은 이중섭의 가족이에요. 그는 마음 깊이 바라던 가족의 행복을 이렇듯 그림으로 표현했어요.

〈서귀포의 환상〉

1951년 이중섭이 서귀포에 살 때 그린 그림이에요. 푸른 바다에서 아이들이 새를 타며 놀고, 황금빛 열매를 따는 모습이 평화로워 보이지요? 전쟁과 가난으로 힘든 생활을 했던 이중섭은 자기가 바라는 삶을 환상적인 그림으로 표현하였어요.

역사 **체험 학습**

이중섭의 발자취

이중섭 미술관과 그 주변

📍 제주특별자치도 서귀포시 서귀동
☎ 064)760-3567

이중섭 가족이 살던 집을 직접 가서 보면 네 가족이 살기에 아주 작다는 걸 느낄 수 있을 거예요. 어려운 생활이었지만 그는 제주도에서 훌륭한 그림을 여럿 그렸어요. 이 집 뒤편에 '이중섭 미술관'이 있어 그의 그림을 전시하고 있어요.

이중섭이 아침저녁으로 산책했던 거리에는 '이중섭 거리'라는 이름이 붙었어요. 한국 최초로 화가의 이름이 붙여진 거리지요. 매년 가을이면 이 거리에서 '이중섭 예술제'가 열려요.

이중섭 가족이 살던 방   이중섭 거리

제·주·위·인 | 11

한국인 최초로 에베레스트산에 오른 등산가
고상돈
현대 | 1948 ~ 1979 | 등산가

나는 1948년 제주시에서 태어났단다. 젊은 시절부터 등산을 좋아했던 나는 큰 꿈을 꾸었어. 세계에서 가장 높은 산 정상에 오르는 것이었지. 어디를 말하는지 알겠니? 네팔에 있는 에베레스트산 말이야.

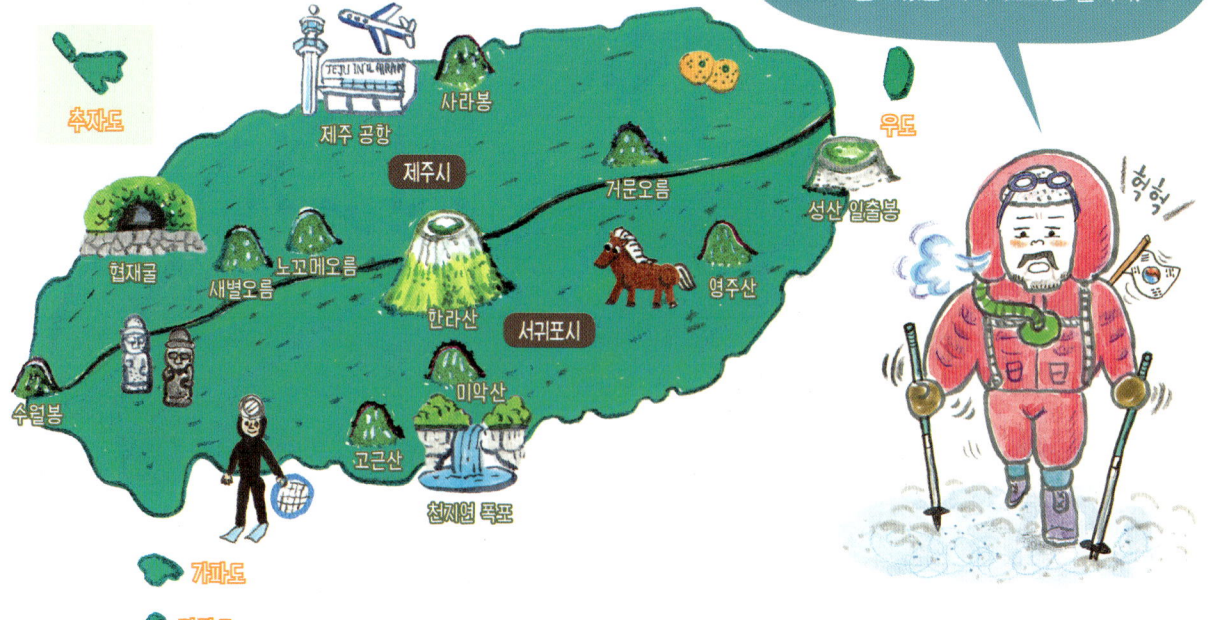

인물 소개

제주시에서 태어나, 한라산을 보면서 씩씩하게 자랐어요. 초등학교 4학년 때 청주로 이사를 갔지요. 1970년 대학 산악 연맹에 들어가 등산을 다녔어요. 그러던 1977년 에베레스트 원정대가 만들어졌어요. 등산 실력이 뛰어났던 고상돈은 이 원정대의 대원으로 뽑혔지요. 그리고 1977년 9월 15일 오랫동안 바랐던 에베레스트산 정상에 오르는 데 성공했어요.

고상돈의 이모저모

 우리가 알아야 할 **고상돈** 이야기

여기는 정상, 더 이상 오를 곳이 없다!

　에베레스트산 꼭대기를 올려다보는 고상돈의 가슴은 두근거렸어요. 에베레스트산 정상 정복! 그것은 고상돈이 한국을 떠나오면서 간절히 바라던 꿈이었지요.

　1977년 9월 15일 새벽 5시 30분, 고상돈은 원정대가 머물고 있던 제5캠프를 떠났어요.

　9월이라지만 8천 미터가 넘는 높은 지역이라서 바람은 차가웠어요. 온도계는 영하 27도를 가리키고 있었어요. 눈보라도 몰아쳤어요. 에베레스트산으로 오르는 길은 눈과 얼음으로 덮여 있었어요. 경사가 심한 곳을 오르다가 미끄러지면 죽을 수도 있었지요.

　고상돈은 스스로에게 말했어요.

　"서두르지 말자! 정신을 집중하자!"

　등산은 점점 더 힘들어졌어요. 높이 올라갈수록 산소가 부족해졌거든요.

　"헉! 헉!"

　입에서 거친 숨이 새어 나왔어요. 쉬지 않고 산을 오른 탓에 팔과 다리의 힘도 점점 풀려 갔지요.

　고상돈은 다시 다짐했어요.

　"얼마 안 남았다. 조금만, 조금만 더 힘을 내자."

고상돈은 함께 산을 오르던 사람에게도 힘을 내라는 몸짓을 했어요. 그가 고개를 끄덕였어요. 두 사람은 이렇게 서로를 북돋우며 한 걸음, 한 걸음씩 위로 올라갔어요.

제5캠프를 떠난 지 7시간 20분이 지났을 무렵, 눈 쌓인 좁은 땅이 보였어요. 그 위는 푸른 하늘뿐이었어요. 그는 그곳에 올라서서 주변을 둘러보았어요. 더 이상 높은 곳은 없었지요. 그가 두 발로 선 곳은 세계에서 가장 높은 곳, 해발★ 8천848미터의 에베레스트산 정상이었답니다.

사방을 둘러본 후 고상돈은 준비해 간 태극기를 번쩍 들었어요. 그리고 무전기를 꺼내 캠프에 정상에 오른 것을 알렸어요. 에베레스트산 정상에서 고상돈의 목소리가 힘차게 울려 퍼졌어요.

"여기는 정상, 더 이상 오를 곳이 없다!"

★ **해발** 바닷물의 표면부터 계산하여 잰 높이

고상돈의 업적 이야기

고상돈은 뭘 했을까?

에베레스트 원정대의 제주도 대표

1977년 만들어진 '77 한국 에베레스트 원정대'의 대원은 19명이었어요. 원정대 대원들은 저마다 등산 실력이 빼어난 사람들이었지요. 이때 고상돈은 제주도를 대표하는 등산가로 뽑혀서 원정대 대원이 되었어요. 고상돈은 에베레스트산 정복으로 자신의 고향인 제주도의 이름을 크게 빛냈답니다.

국민들에게 감동을 줌

당시 한국 등산가들에게 에베레스트산 정복은 꿈 같은 일이었어요. 그때만 해도 한국에는 8천 미터 이상의 산에 오른 등산가가 없었거든요. 이런 상황에서 고상돈은 정상 정복에 성공했어요. 고상돈의 성공으로, 한국은 에베레스트산 정상에 오른 8번째 나라가 되었어요.

고상돈이 에베레스트산 정상에 올랐다는 소식은 대한민국 국민에게 큰 기쁨과 감동을 주었어요. 사람들은 아무리 어려운 일도 힘껏 노력하면 이룰 수 있다는 용기를 얻었지요. 고상돈과 에베레스트 원정대 대원들은 한국에 영웅이 되어 돌아왔어요.

강한 정신력으로 등산에 성공

에베레스트산 같은 높은 산에 무사히 올라가려면 날씨가 좋아야 해요. 한국 원정대가 정상에 도전한 때는 9월로, 등산하기에 좋은 계절은 아니었어요. 영하 27도라는 기온만 보아도 알 수 있지요. 고상돈이 이런 나쁜 조건을 극복하고 정상에 오를 수 있었던 것은 등산 실력 덕분만이 아니에요. 실력만큼이나 강한 정신력도 필요했지요. 고상돈은 에베레스트산 아래의 캠프에 머물 때 일기를 썼어요. 일기에는 이런 내용이 있어요.

"우리는 꼭 이겨서 돌아가야 한다."

이 내용만 보아도 고상돈이 얼마나 에베레스트산 정상에 오르고 싶어 했는지 알 수 있어요. 일기를 쓰면서 마음을 다잡고 정신력을 길렀던 거지요.

> 꼭 이겨서 돌아가자!

 '세계의 지붕'으로 불리는 히말라야산맥

인간이 최초로 에베레스트산에 오른 것은 1953년이에요. 뉴질랜드 등산가인 힐러리가 제일 처음 정상에 올랐지요. 에베레스트산은 히말라야산맥에 있는 산이에요. 산맥의 길이는 약 2천 400킬로미터예요. 히말라야산맥이 지나는 곳에는 네팔, 파키스탄, 중국, 인도, 부탄 같은 나라가 있어요. 히말라야산맥에는 8천 미터가 넘는 산이 14개 있어요. 에베레스트산 다음으로 높은 산은 K2(8천611미터)예요. 이렇듯 높은 산들이 모여 있는 히말라야산맥의 별명은 '세계의 지붕'이랍니다.

고상돈과 함께 보기

고상돈이 등산가의 꿈을 키운 한라산

고상돈은 초등학교 시절에 한라산을 보면서 등산가의 꿈을 키웠어요. 높이가 약 1천950미터인 한라산은 우리나라에서 가장 높은 산이에요. 한라산은 화산이 폭발하여 생긴 산으로, 정상에는 지름이 약 500미터에 이르는 백록담이라는 큰 호수가 있어요.

한라산은 예로부터 우리 조상들이 '성스러운 산'으로 모셨어요. 그래서 조선 시대에는 해마다 한라산에서 나라의 평안을 기도하는 큰 제사를 지냈답니다.

한라산은 다양한 식물이 사는 산으로도 유명해요. 약 1천800종의 식물이 한라산 지역에 있는데, 이 중에 다른 지역에서 보기 힘든 귀한 식물도 많아요. 한라산에는 높이에 따라 열대 식물, 상록 활엽수, 침엽수 등 서로 다른 풀과 나무들이 모여 살아요. 또 아주 다양한 곤충과 새 등 동물이 살고 있어요.

한라산은 경치가 무척 아름다워요. 눈이 많이 오는 겨울의 풍경은 특히 유명해요. 그래서 많은 예술가들이 한라산의 아름다움을 시와 그림으로 표현하였지요.

많은 동식물이 자라고 경치가 아름다운 한라산은 1970년 국립 공원으로 지정되었어요. 한라산에는 여러 등산로가 있어요. 특히 600~800미터 지대에 있는 아름다운 숲길 '한라산 둘레길'이 유명하지요.

역사 **체험 학습**

고상돈의 발자취

고상돈이 잠든 한라산 1100 고지

제주도에는 제주시에서 서귀포시로 이어지는 약 35킬로미터 길이의 도로가 있어요. 이 도로를 '1100 도로'라고 해요. 도로에서 가장 높은 부분이 1천100미터이기 때문이에요. 1100 도로 중간에는 1100 고지 휴게소가 있고, 근처에 고상돈이 묻힌 묘가 있답니다. 묘 옆에는 동상과 추모비가 세워져 있어요.

한라산 중턱에 위치한 1100 도로 중 18킬로미터 구간이 '고상돈로'로 지정이 되었어요. 2017년 '고상돈로'에서는 에베레스트산 높이와 같은 8천848미터를 걷는 행사가 열렸는데, 약 2천 명의 사람이 이 도로를 걸으면서 고상돈의 업적을 기념하였답니다.

TIP 산악인의 날이 고상돈과 관련 있다고?

매년 9월 15일은 '산악인의 날'이에요. 이날은 고상돈이 에베레스트산을 정복한 날(9월 15일)을 기념하여 정한 것이에요. 대한 산악 연맹은 1978년부터 매년 이날에 기념행사를 해요. '고상돈 특별상'도 만들어졌는데, 매년 산악인의 날 행사 때 훌륭한 등산가를 뽑아서 이 상을 준답니다.

위인 따라 제주 체험 학습

제주 위인들의 발자취를 한눈에 살펴보아요.
앞에서 소개한 장소 중 대표적인 곳을 가려 뽑았답니다.

● 제주시

❶ 최영 장군 사당

❷ 제주목 관아

❸ 김만덕 기념관

❹ 김만덕 묘비

❺ 조천 만세 동산

❻ 제주 해녀 항일 운동 기념 공원

❼ 항파두리 항몽 유적지

❽ 제주 산천단

추자도 ①

② 제주 공항
③ ④ 사라봉
⑤
⑥
우도
⑦
제주시
⑧
거문오름
성산 일출봉
현재굴
새별오름
노꼬메오름
⑨
한라산
영주산
서귀포시
⑫
수월봉
미악산
⑪
⑩
고근산
천지연 폭포

현장 체험 학습 장소를 알려 줄게!

가파도
마라도

• 서귀포시

❾ 고상돈 동상과 추모비

❿ 서귀포 김정희 유배지

⓫ 이중섭 미술관과 그 주변

⓬ 의귀리 김만일 묘역

97

더 알아보는 **위인**

우리도 제주 위인이야!

김정 (1486~1521) - 제주에서 유배 생활을 한 개혁가
시대 조선

충청북도 보은에서 태어나 스물한 살 때 과거에 합격했어요. 나라를 더 좋게 바꾸고자 여러 정책을 주장했는데, 그중에는 공신이 누리는 지나친 혜택을 줄여야 한다는 것도 있었어요. 김정의 개혁 정책은 공신들의 반대로 실패하였고, 결국 김정은 제주로 유배를 가게 되었어요. 제주에서 많은 글을 지었는데, 시뿐만 아니라 제주의 기후, 토지, 문화 등을 다룬 《제주풍토록》을 썼답니다. 1521년 유배지인 제주에서 임금이 내린 독약을 마시고 세상을 떠났어요.

백희수 (?~?) - 가뭄 때에 백성을 도운 제주 수령
시대 조선

1851년 제주의 수령이 되었어요. 귤림 서원을 열고, 김정이 살던 집터에 비석을 세웠어요. 백희수가 제주 수령으로 있는 동안 가뭄이 들자 그는 임금에게 요청하여 쌀과 돈을 특별히 지원받았어요. 그 덕분에 어려움에 처했던 백성은 위기를 넘길 수 있었지요. 제주시 조천읍 조천리 비석 거리를 비롯하여 여러 마을에 그의 업적을 기리는 비가 세워져 있어요.

삼을나 (?~?) - 제주에 탐라국을 세운 3명의 신
시대 고대

약 4천300여 년 전 제주 땅속에서 3명의 신이 나왔어요. 고을나, 양을나, 부을나 3명의 신을 '삼을나'라고 하지요. 삼을나는 가죽옷을 입고 사냥을 하며 생활했는데, 어느 날 바다에 떠내려오던 상자를 발견했어요. 그 안에는 다섯 가지 곡식의 씨, 가축들과 함께 벽랑국의 세 공주가 들어 있었어요. 삼을나는 세 공주와 결혼하였고, 그때부터 농사를 짓기 시작했답니다. 삼을나는 탐라국을 세우고 각각 제주 고씨, 제주 양씨, 제주 부씨의 첫 번째 조상이 되었어요. 이들이 나타난 3개의 구멍을 '삼성혈'이라고 하는데, 지금도 제주시 이도1동에 그 흔적이 남아 있어요.

송시열 (1607~1689) - 유학을 발전시킨 조선의 학자
시대 조선

제주에 유배를 온 사람 중에는 조선을 대표하는 학자 송시열이 있어요. 조선 시대 중기에는 신하들이 여러 당파로 나뉘어 정치적인 경쟁을 했는데, 송시열은 여러 당파 중 노론의 최고 지도자로 활동했답니다. 하지만 1689년 숙종이 궁녀 출신의 장 희빈이 낳은 왕자에게 왕위를 물려주려 하자 이에 반대하였고, 제주에 유배되었어요. 같은 해 송시열은 조정으로 돌아가는 길에 독약을 받고 세상을 떠났어요. 송시열이 제주에 머문 기간은 짧지만, 그가 끼친 영향은 무척 컸어요. 제주시 일도1동에 있는 오현단(제주특별자치도 기념물 제1호)은 송시열을 포함한 오현에 대한 제사를 드리던 제단이에요. 오현은 제주의 다섯 현인을 말해요. 제주에 유배를 온 송시열, 김정, 정온과 제주에서 관직 생활을 한 송인수, 김상헌이 오현이랍니다.

최정숙 (1902~1977) - 제주 출신의 독립운동가이자 교육자
시대 근현대

신성 여학교를 졸업한 후 서울에 있는 관립 경성 여자 고등 보통학교에 들어갔어요. 3·1 운동이 일어나자 79명의 결사대를 이끌고 만세를 외치다 체포되었어요. 이 일로 인해 서대문 형무소에서 8개월간 감옥살이를 했어요. 1942년 경성 여자 의학 전문학교를 졸업하였고, 1944년 제주로 돌아와 불우한 사람들을 무료로 진료하였어요. 1954년에는 신성 여자 고등학교를 열고 교장을 맡았는데, 돈을 받지 않고 학교를 이끌었어요. 최정숙은 제주의 첫 번째 교육감이자 우리나라 첫 여성 교육감이 되어 바른 교육을 위해 앞장섰답니다.

제주 위인 찾기

강관순	77
고상돈	88
김만덕	50
김만일	42
김우천	48
김장환	66
김정	98
김정희	58
김통정	10

백희수	98
삼을나	48, 98
송시열	99
이약동	26
이중섭	80
최부	34
최영	18
최정숙	99
최척경	32
항일 운동을 벌인 해녀들	72

 **사진 출처**

국립중앙박물관_ **39p** / 《표해록》

문화재청_ **25p, 96p** / 최영 장군 사당 **33p, 96p** / 제주 산천단, 제주목 관아 **33p** / 제주 관덕정 **49p, 97p** / 의귀리 김만일 묘역 **49p** / 문인석 **57p, 96p** / 김만덕 묘비 **63p** / 〈세한도〉

셔터스톡_ **49p** / 제주도의 돌하르방

연합뉴스_ **41p** / 김대건 신부 표착 기념관 **71p** / 조천 3·1 독립운동 기념탑

위키피디아_ **65p** / 성산 일출봉·주상 절리(멍한오리)

한국관광공사_ **17p, 96p** / 항파두리 항몽 유적지 성터 **17p** / 항파두리 항몽 유적지 전경, 항몽 유적 전시관 **65p, 97p** / 서귀포 김정희 유배지 **65p** / 정방 폭포 **71p** / 제주 항일 기념관 내부 **71p, 96p** / 제주 항일 기념관 외부 **79p, 96p** / 제주 해녀 항일 운동 기념 공원 **87p, 97p** / 이중섭 미술관 **87p** / 이중섭 생가, 이중섭 거리 사진 2개

한국학중앙연구원_ **95p, 97p** / 고상돈 동상과 추모비

지학사아르볼은 이 책에 실린 사진들의 출처를 찾기 위해 최선을 다했습니다.
혹시 잘못된 정보가 있다면 연락 주십시오. 다음 쇄를 찍을 때 꼭 수정하겠습니다.